D1190935

# LAS CLAVES DEL 2012

ALEXANDER FOWLER

# LAS CLAVES DEL
# 2012

Lo predijo el calendario maya.

La ciencia lo ha confirmado.

¿Estás preparado?

EDICIONES OBELISCO

Si este libro le ha interesado y desea que le mantengamos informado de nuestras publicaciones, escríbanos indicándonos qué temas son de su interés (Astrología, Autoayuda, Ciencias Ocultas, Artes Marciales, Naturismo, Espiritualidad, Tradición...) y gustosamente le complaceremos.

Puede consultar nuestro catálogo en www.edicionesobelisco.com

Colección Estudios y documentos
LAS CLAVES DEL 2012
*Alexander Fowler*

1.ª edición: octubre de 2009
2.ª edición: noviembre de 2009

Maquetación: *Natàlia Campillo*
Corrección: *José Neira*
Diseño de cubierta: *Enrique Iborra*

© 2009, Alexander Fowler
(Reservados todos los derechos)
© 2009, Ediciones Obelisco, S. L.
(Reservados los derechos para la presente edición)

Edita: Ediciones Obelisco S. L.
Pere IV, 78 (Edif. Pedro IV) 3.ª planta, 5.ª puerta
08005 Barcelona - España
Tel. 93 309 85 25 - Fax 93 309 85 23
E-mail: info@edicionesobelisco.com

Paracas, 59 C1275AFA Buenos Aires - Argentina
Tel. (541-14) 305 06 33 - Fax: (541-14) 304 78 20

ISBN: 978-84-9777-584-7
Depósito Legal: B-42.463-2009

*Printed in Spain*

Impreso en España en los talleres gráficos de Romanyà/Valls S. A.
Verdaguer, 1 - 08786 Capellades (Barcelona)

# 1 | Introducción

Si uno trata de encontrar algo en común entre las diferentes religiones, la ciencia, la filosofía y, de alguna manera, cualquier tipo de pensamiento organizado, no podrá alejarse mucho de una gran pregunta que lleva sin responder desde la noche de los tiempos: ¿cómo se creó el mundo? Y, obviamente, de esta se desprende la que la complementa: ¿acabará todo algún día? Desde el ámbito del conocimiento científico, el origen del universo ha dado pie a los más diversos modelos que han ido evolucionando hasta nuestros días. Desde la mitología y las religiones, también uno se encuentra con un vasto abanico de posibilidades a la hora de concebir dónde estuvo, qué motivó y cómo se produjo el origen de todo.

El fin del mundo no es algo que escape a la reflexión de nuestra sociedad actual, especialmente en un momento en el que somos conscientes de que son muchos los cambios que se están produciendo en la Tierra en los últimos años. No hace falta ser un científico, un filósofo o un líder espiritual para darse cuenta de que algo no anda bien. Nuestra moderna, avanzada y tecnológica forma de vida ha traído un estado del bienestar a la mayoría de los países que se consideran dentro del primer mundo, pero también es cierto que nuestra manera de vivir y de consumir, nuestra manera de producir y de explotar los recursos naturales ha convertido el planeta en un lugar incierto de cara al futuro. Cualquier persona está al corriente de que la capa de ozono ha ido menguando y de que cada vez es menos eficaz para protegernos de las radiaciones ultravioletas; de que como consecuencia del alto nivel de combustión que hay en el planeta y las emisiones de $CO^2$ (el 71,4 % del total de emisiones corresponde tan sólo a 15 países) se está produciendo lo que se conoce como «efecto invernadero» con el consecuente deshielo de la superficie polar y las inevitables secuelas que eso tiene, y va a tener, para el conjunto de las especies que habitan la Tierra, incluida la humana: por un lado los glaciares están desapareciendo, cada vez hay más incendios, más agresivos y más difíciles de controlar (en los últimos años el índice de riesgo de incendio en España ha aumentado un 20 %), se están perdiendo especies, se va a producir un retroceso del litoral (hay que pensar que por cada centímetro que sube el nivel del mar, se produce un retroceso de un metro en la costa, y las estimaciones son que el nivel del mar suba unos 15 cm para el año 2050). El cambio climático también implica un aumento de las lluvias y de los fenómenos meteorológicos extremos (huracanes, ciclones, tornados...), así como del fenómeno opuesto en otras zonas del planeta (sequías prolongadas que dificultan la supervivencia de las personas que las habitan).

Además de lo dicho, no sólo en el hábitat se están produciendo cambios sustanciales que atentan contra la continuidad de la vida tal como la conocemos, sino que además el modelo energético sobre el que está construido el mundo está en crisis. La situación es tan sencilla como que en el mundo hay una demanda creciente de petróleo y otros combustibles fósiles. Las zonas urbano-industriales del primer mundo cuentan con incrementos demográficos sustanciales que hacen que sus necesidades energéticas sean mayores; paralelamente, muchos países están en vías de alcanzar, si no han alcanzado ya, niveles de desarrollo similares a los de los países más avanzados y sus necesidades de consumo de energías procedentes de los combustibles fósiles como el petróleo, el gas, y el carbón, se han incrementado de tal manera que los recursos con los que cuenta el planeta pronto no bastarán para abastecer las necesidades, que a fecha de hoy se sitúan por encima de los 80 millones de barriles diarios. A este ritmo, las reservas petrolíferas no podrán abastecer las necesidades mundiales energéticas más allá de 35 a 40 años. En la actualidad, ya se están planteando alternativas energéticas de manera seria a un problema que se ha visto muy lejano pero que parece estar a la vuelta de la esquina. Si a esto le añadimos el hecho de haber entrado en una crisis económica mundial sin precedentes en la historia reciente, de la que los grandes líderes mundiales no tienen claro cómo se podrá salir ni hacia dónde nos va a conducir, el panorama no es demasiado alentador.

Con todo, lo más sorprendente no es el hecho de que tales fenómenos se estén produciendo, sino que, mucho tiempo atrás, hubiera una cultura que supiera anticipar todos estos acontecimientos y dejara constancia clara e inequívoca de que el mundo sufriría todos estos procesos y de que lo haría en las fechas en las que nos encontramos. Es decir, hace 1.300 años que los mayas, una cultura fascinante, sabia y prodigiosa, dejó un legado de profecías en las que nada de lo que está ocurriendo ahora se aleja de lo que entonces ya se anticipaba. La pregunta ante tal nivel de exactitud, no solamente en cuanto al contenido de las profecías sino ante la precisión temporal, que cae por su propio peso, es: ¿cómo pudieron los mayas desarrollar un conocimiento de tal rigor?

Como se irá comprobando a lo largo de las diferentes páginas, los mayas se erigieron como una cultura que por su organización social, política y productiva podría considerarse como la más notable entre todas las que emergieron en la zona de la mesoamérica precolombina. Durante los 700 años que duró su época dorada, el período clásico, desde el 250 hasta el 950 d. C., dejaron un legado histórico y un patrimonio arquitectónico y cultural propio de las grandes civilizaciones (colosales pirámides que ponen de manifiesto un conocimiento matemático y astrofísico incuestionable, códices con pictogramas y glifos que muestran una escritura rica y de complejidad gramatical y sintáctica, una mitología perfectamente recogida en uno de los libros más importantes para comprender su historia y su cultura, el Popol Vuh). Pero lo más fascinante de todo es el conjunto de profecías que anunciaban la fecha del 21 de diciembre de 2012 como el final de una era, la extinción de un período en el que el mundo dejaría de ser lo que hasta la fecha ha sido.

# 2 | Culturas predecesoras de los mayas

Para entender cómo surgió una civilización tan importante como la maya, hay que tener en cuenta las culturas que la precedieron. La cultura maya no nace de la nada, sino que, como el resto de civilizaciones, recibieron una clara influencia y su trayectoria y su época de esplendor no podría entenderse sin tener en cuenta el contexto geográfico e histórico en el que se desarrolló. Por lo tanto, sería de poca solidez no ofrecer un repaso breve pero preciso de los olmecas (1880 a. C. – 200 d. C.) y de los zapotecas (600 a. C. – 800 d. C.), dos importantes culturas que se desarrollaron en el mismo espacio geográfico y que permitieron el posterior florecimiento de la cultura maya (*véase* ilustración 1).

La zona geográfica en la que habitaron y se desarrollaron los mayas, así como las culturas que los precedieron y las civilizaciones que posteriormente crecieron a partir de su caída, hay que situarla en lo que en la actualidad es el sur-sureste de México, y más concretamente en los estados de Campeche, Chiapas Quintana Roo, Tabasco y Yucatán; y, cómo no, en los territorios de América Central de los actuales Belice, Guatemala, Honduras y El Salvador (*véase* ilustración 2).

| | PRECLÁSICO | | | CLÁSICO | | | POSTCLÁSICO | |
|---|---|---|---|---|---|---|---|---|
| *Inferior* | *Medio* | *Superior* | *Protoclásico* | *Tardío* | *Temprano* | *Tardío* | *Temprano* |
| | | | | | | | AZTECAS |
| | | | MAYAS | | | MAYAS-TOLTECAS | |
| | | | EL TAJÍN | | | HUESTECAS | |
| | | TEOTIHUACAN | | | | | |
| | | | | | | MIXTECAS | |
| | | ZAPOTECAS | | | | | |
| OLMECAS | | | | | | | |

a. C.    d. C.

1500 1400 1300 1200 1100 1000 900 800 700 600 500 400 300 200 100 0 100 200 300 400 500 600 700 800 900 1000 1100 1200 1300 1400 1500

*Ilustración 1. Cronograma de las culturas mesoamericanas.*

*Ilustración 2. Mapa actual de la zona geográfica*
*del desarrollo de la cultura maya.*

En los orígenes, en el período denominado arcaico (7000 - 2000 a. C.), únicamente se puede hablar de grupos de cazadores y recolectores, cuya procedencia se sitúa en Asia; habrían pasado al continente americano durante la última glaciación, a través del estrecho de Bering y vivieron de manera nómada hasta que después, durante la época conocida como el Holoceno (período que correspondería con la última y actual época geológica del período cuaternario), subieron las temperaturas y empezaron a surgir los primeros asentamientos en forma de poblados más o menos organizados que empezaban a cultivar y recolectar maíz, frijoles, aguacates y a criar animales domésticos que les ayudaban en su supervivencia.

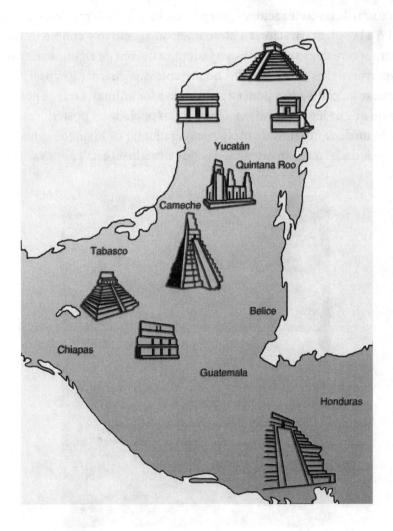

*Ilustración 3. Mapa de las zonas arqueológicas de la cultura maya.*

## La civilización olmeca y zapoteca

Situados a lo largo de la franja costera del Golfo de México (*véase* ilustración 4), los olmecas, que significa «habitantes de Olmán» (en náhuatl, la lengua hablada por los aztecas), o lo que es lo mismo, habitantes del país del hule. Su cultura fue descubierta a mediados del xix en lo que hoy es el yacimiento arqueológico de La Venta. Existe un amplio consenso en considerar la cultura olmeca como la predecesora natural de las civilizaciones posteriores, ya que fue la primera que tendió a la sedentarización en mesoamérica, al cultivo y conreo de diferentes cereales y tubérculos, y a la domesticación de algunos animales (perros, pavos y otros). El hecho de tener que guardar y conservar lo que se ha cultivado y poner a resguardo a los animales que se poseen, es lo que da lugar a los asentamientos, los poblados y, posteriormente, a lo núcleos urbanos de mayor envergadura, por lo que el origen de las ciudades mesoamericanas hay que situarlo en esta época y región.

*Ilustración 4. Zonas de asentamiento de la cultura olmeca.*

La cultura olmeca, más allá de considerarla desde una perspectiva unitaria, hay que tomarla en cuenta como un conjunto de asentamientos plurilingüísticos y pluriculturales que coincidieron en una zona geográfica concreta y definida y que se mantuvieron por varios siglos. Y aunque su origen hay que situarlo de manera anterior, las manifestaciones artísticas y arquitectónicas datan del 1150 a. C., época del mayor florecimiento de la civilización olmeca. La importancia de la civilización olmeca radica en el hecho de que en su seno se gestó un cambio en la organización social que permitiría el desarrollo de la civilización maya tal como se conoce hoy. Este cambio tuvo que ver con el hecho de que en los asentamientos olmecas empezó a emerger una clase dominante, una casta de dirigentes principalmente constituidos por líderes religiosos que quería dejar constancia a través de esculturas y monumentos del poder que ostentaba y cómo su posición religiosa tenía que ver con una cierta continuidad terrenal del mundo mágico y religioso que predicaban. Este hecho queda constatado por la presencia de ajuares funerarios de alto valor que seguramente provenían de los tributos que las clases más bajas habían de entregar a los líderes espirituales de las castas dominantes. Este culto religioso y las manifestaciones artísticas vinculadas o provenientes de él sentaron las bases que posteriormente se extenderían al resto de civilizaciones que se iban a desarrollar en los siglos siguientes (zapotecas, mayas, aztecas...). También en la cultura olmeca es donde hay que buscar los orígenes del culto al jaguar, el interés por el conocimiento astronómico e incluso la medición de los ciclos del tiempo y los calendarios, sustrato cultural que alcanzaría un grado de conocimiento tan elevado en la civilización maya y que acabaría culminando en la elaboración de sus profecías milenarias. No hay que olvidar que parecen ser los precursores del juego de la pelota, pues algunos especialistas, a partir de la especie de casco que se observa, consideran las colosales esculturas de las cabezas gigantes como representaciones de jugadores de pelota. La región era un lugar rico en plantaciones de árboles de hule, de donde extraían el látex para la fabricación de las pelotas. Otras civilizaciones, como se verá más adelante, llevaron el juego de la pelota por todo mesoamérica, especialmente la ciudad de Tajín.

A partir del 600 a. C. hay que hablar de la cultura zapoteca como la gran heredera de la cultura olmeca y la predecesora de la cultura maya.

*Ilustración 5. Zonas de asentamiento de la cultura zapoteca.*

En la cultura zapoteca (*véase* ilustración 5) es donde se van a consolidar y van a florecer muchos de los conocimientos adquiridos por los olmecos. Especialmente, hay que mencionar que sus centros de culto religioso se magnifican y las construcciones arquitectónicas empiezan a dejar una marca considerable a la hora de comprender las civilizaciones mesoamericanas. Éstas empiezan a ser ya de cierta envergadura y no dejan duda de que estaban organizados en ciudades cuya subsistencia se basaba claramente en la agricultura. Hay que considerar a Monte Albán como la ciudad más importante y representativa de la cultura zapoteca. En ella, una de las construcciones más emblemáticas es la Plataforma de los Danzantes (Ilustración 6 [A]), una construcción escalonada semejante a lo que posteriormente acabarían desarrollando los mayas como grandes pirámides. Hay que destacar las 140 figuras en bajorrelieves (*véase* ilustración 6 [B]) hallados en el exterior de esta construcción en las que se representan sujetos con deformidades e incluso con amputaciones de los órganos sexuales, muy relacionadas con el culto al sacrificio y a la sangre como rito ceremonial de entrega de ofrendas a los dioses.

Más importante sería el Edificio J, pues se presupone que cumplía la función de observatorio astronómico y pondría así de manifiesto el interés que despertaba en la cultura zapoteca el estudio del firmamento con pretensiones calendáricas.

Como logro de especial relevancia es el haber desarrollado un sistema logográfico-fonético de escritura, donde cada sílaba estaba representada por un carácter en el sistema de escritura. Por esta razón habría que considerarlos como los primeros que desarrollaron un sistema de escritura en toda regla y ahondaron en el conocimiento astronómico y de medición y cálculo del tiempo que más tarde consolidarían los mayas como los verdaderos maestros del calendario.

*Ilustración 6. (A) Plataforma de los danzantes (Monte Albán).*

*Ilustración 6. (B) Bajorrelieves que muestran ritos ceremoniales.*

Del desarrollo de un sistema de escritura tan elaborado provienen los glifos, que eran utilizados para dejar registrados acontecimientos de especial importancia política o bélica, y así contar con una cierta memoria de los eventos. No obstante, la complejidad de su sitema de escritura no ha sido hasta el momento descifrado y como mucho se han conseguido decodificar las fechas y algunos topónimos.

Sería a partir del 800 d. C. cuando se iniciaría la decadencia de los zapotecas a partir de la absorción que sufrieron por parte de los mixtecas, pueblo del norte de Oaxaca con un componente bélico de mayor relevancia. No obstante, hay que decir que los mixtecas se impusieron a los zapotecas sin conflictos traumáticos y que las construcciones después de esta fecha ya dejan marca de su presencia y de su control político y militar sobre los anteriores. Los mixtecas impusieron así su cultura en Monte Albán y en Mitla, dejando constancia de nuevas formas de entender el culto a los muertos, con restos de personas sacrificadas e inhumadas junto a los muertos así como la presencia de ofrendas funerarias de mayor riqueza (oro y joyas).

## El Tajín:
## La ciudad de los campos de juego de la pelota

Entre el 250 y el 1150 d. C. se consolidó una civilización en lo que hoy es el Estado de Veracruz, específicamente en su parte central y septentrional, en torno a una ciudad de muchísima importancia: El Tajín. Sin que esté claro aún si sus habitantes eran totonacas (datos que proceden de las crónicas de Torquemada), o bien hay que considerarlos simplemente como pertenecientes a la civilización de Veracruz. Dos aspectos son merecedores de ser destacados con respecto a la civilización que se desarrolló en esta parte de mesoamérica; por un lado el desarrollo de los conocimientos astronómicos y por el otro el haber potenciado de manera considerable el juego de la pelota, que parece ser originario de los olmecas. Con respecto a esta última cuestión, son muy numerosas las construcciones que estaban destinadas a este fin; hasta 11 se han descubierto en El Tajín. Es de suponer que se celebraban importantes competiciones y que éstas eran determinantes para los jugadores, que podían morir como tributo a los dioses en sacrificio dependiendo del resultado o, con menos repercusión, supusieran simplemente un entrenamiento para los guerreros. Algunas esculturas muestran ornamentos de los jugadores o atuendos necesarios para el desarrollo del juego, que consistía en utilizar una pelota de hule que había de golpearse con el antebrazo, las caderas y con las manos utilizando una especie de guantes o bien con un mazo; estaba prohibido que la pelota golpease cualquier otra parte del cuerpo. Las variantes las constituían, por tanto, por una parte el juego de cadera, la segunda el juego de antebrazo y la tercera, el juego de mazo. La pelota (de unos 22 cm de diámetro) había que introducirla por un aro labrado en piedra. Competían dos equipos de entre cinco y siete jugadores y existía la figura de un juez que aplicaba las normas.

El otro aspecto que hay que destacar de la cultura que se desarrolló en El Tajín está vinculado con el desarrollo del cómputo del tiempo y del calendario. Prueba de ello es la Pirámide de los Nichos, pues cuenta con 365 cavidades que corresponden claramente con los 365 días del calendario solar (*véase* ilustración 7).

*Ilustración 7. Pirámide de los nichos. El Tajín.*

## Teotihuacán

El apogeo y el máximo esplendor de Teotihuacán hay que datarlo en el 250 d. C. Surgió conjuntamente con Cuicuilco, otro poblado del período Preclásico Superior en la zona del México central (*véase* ilustración 8), alcanzando ambos un especial protagonismo como centros religiosos y ceremoniales. La destrucción de éste último al quedar sepultado bajo la lava del volcán Xitle en el 100 a. C. hizo que la población se refugiara en Teotihuacán, favoreciendo así el crecimiento de la ciudad. En Cuicuilco se hallan ya construcciones que consisten en plataformas escalonadas de base circular, pero las verdaderas joyas arquitectónicas de la ciudad de Teotihuacán se construirían más tarde, cuando la ciudad sufrió una importante transformación en los albores del 250 d. C. y alcanzó parámetros de una gran metrópolis (hasta 200.000 habitantes en el 700 d. C.), dejando como testimonio, en la que hoy se conoce como Avenida de los Muertos (*véase* ilustración 9), la pirámide de la Luna, la gran pirámide del Sol, y la pirámide de Quetzalcoatl, las tres de base cuadrada. Empezaron a construirse además grandes edificaciones que hacían las funciones de verdaderos palacios para acoger a los gobernantes y gentes de relevancia social en su organización política. Hay que destacar que por

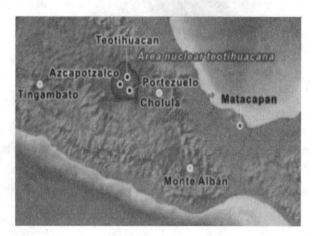

*Ilustración 8. Teotihuacán y zonas de asentamiento circundantes.*

primera vez en la iconografía mesoamericana aparece el culto al dios Quetzaltcoatl, o serpiente emplumada, que posteriormente alcanzaría un alto grado de difusión en todas las civilizaciones mesoamericanas, especialmente entre los toltecas. Además de las construcciones, aparecen pinturas decorativas del interior de los templos. Destacaron los habitantes de esta civilización por el trabajo con diferentes minerales, especialmente con la obsidiana. En la actualidad prácticamente sólo se utiliza para realizar *souvenirs* para los turistas, pero los teotihuacanos la usaron para elaborar herramientas e incluso espejos.

*Ilustración 9. Avenida de los muertos. Teotihuacán.*

Sin embargo, el aspecto más relevante de la ciudad de Teotihuacán es la disposición de las pirámides de la Avenida de los Muertos. Tomando una vista aérea de la disposición de las tres pirámides, se puede observar cómo la línea que une los laterales de la gran pirámide del Sol y la pirámide de la Luna, atraviesa el centro de la pirámide de Quetzalcoatl (*véase* ilustración 10).

*Ilustración 10. Vista aérea de la disposición de la pirámide del Sol,*
*de la Luna y de Quetzalcoatl, en Teotihuacán.*

Esta cuestión no tendría especial importancia si no fuera porque tal disposición coincide con la disposición del cinturón de la constelación de Orión (*véase* ilustración 11).

*Ilustración 11. Disposición y alineamiento*
*del cinturón de la constelación de Orión.*

La pregunta que surge al respecto es: ¿establecieron los teotihuacanos la disposición de sus pirámides basándose en la disposición de las tres estrellas del cinturón de la constelación de Orión? Y si lo hicieron, ¿con qué finalidad? Obviamente, y existe un cierto consenso en que así fue, ya que las dos pirámides principales estaban inspiradas en los dos astros más importantes para ellos, el Sol y la Luna, debían de tener un elaborado conocimiento astronómico y un interés claro en establecer una relación entre lo que veían en el cielo y lo que construían en la tierra. Este hecho no alcanzaría un nivel de relevancia tan alto si esta correlación entre la disposición del cinturón de Orión y las tres pirámides no tuviera en otro lugar, lejano en el tiempo y en el espacio para los teotihuacanos, un caso gemelo (*véase* ilustración 12). En realidad, esta consonancia entre ambas disposiciones se conoce como «la correlación de Orión» y fue propuesta por Robert Bauval y Graham Hancock a mediados de los años 90 en su libro *The Orion Mystery, Unlocking the Secrets of the Pyramids* (El Misterio de Orión, descubriendo los secretos de las Pirámides). Sólo que en el caso egipcio de las pirámides de Giza la línea une las dos grandes pirámides (Keops y Kefren) con el vértice de la menor (Micerinos).

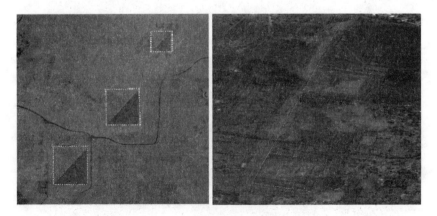

*Ilustración 12. Comparativa de las dos disposiciones de las pirámides de Giza (Egipto) y Teotihuacán (México).*

Teniendo en cuenta que las pirámides egipcias fueron construidas con 2.500 años de antelación a las pirámides de Teotihuacán hay que preguntarse si los habitantes de la zona llegaron a tener conocimiento de las construcciones del Nilo. Está claro que no hay datos que puedan corroborar esta hipótesis, pero todo parece apuntar hacia el conocimiento astronómico que tuvieron ambas civilizaciones y cómo dicho conocimiento quedó reflejado en la disposición de sus construcciones más emblemáticas.

# 3 | Los mayas:
# El enigma de la civilización perdida

Si hoy en día se dispone de un gran conocimiento acerca de la civilización maya es porque en los últimos 40 años se ha conseguido descifrar una parte muy importante de los códices en los que dejaron registrados, en su idiosincrásica escritura inconográfica de tipo silábico, una parte muy importante de su historia, sus creencias, y la mitología en la que sustentaban sus concepciones religiosas. La cultura maya hay que entenderla desde una perspectiva particular, pues si bien es cierto que no es la única civilización en todo el florecimiento de culturas de los pueblos de mesoamérica, ésta ha revelado, después del desciframiento de los códices, el manejo de importantes conocimientos con respecto al uso de las matemáticas (descubrieron el concepto del cero), la astronomía (fueron capaces de predecir eclipses, el ciclo de las Pléyades, el ciclo de Venus) y el registro y cómputo del tiempo (ya que desarrollaron más de 20 calendarios distintos, aunque serían luego tres los que mayor relevancia acabaron teniendo para sus vidas e incluso en la actualidad algunos de ellos están vigentes entre muchas comunidades indígenas de México y Guatemala). Intentar recrear la mente en el tipo de vida que alcanzaron los mayas, teniendo en cuenta el entorno en el que se desarrollaron, su organización social, los mercados llenos de maíz, judías, chiles, aguacates, vainilla y otras especias, tubérculos, jade, plumas de quetzal para los trajes y atuendos, obsidiana para fabricar armas, espejos, herramientas, etcétera; la vida diaria tan vinculada a importantes acontecimientos religiosos, la construcción de sus templos, la lucha no sólo por la supervivencia sino por la excelencia en un tiempo en el que no usaban la rueda y que todo su esplendor se alcanzó viviendo prácticamente en la edad de piedra, supone sumergirse en un mundo mágico y dorado, lleno de sabiduría y poder que dejó constancia desde su conocimiento de que el mundo y su buena marcha estaba muy vinculado a la disposición de los astros y que el conocimiento de éstos era vital para establecer el carácter armónico de su estancia en el mundo.

## Los orígenes

El origen de la cultura maya, tal como se expresaría con posterioridad, hay que buscarla en el período denominado como Preclásico superior (250 a. C.). En una zona que comprendería desde la actual Guatemala hasta la zona de Chiapas, en México, se produjo una transformación de algunos poblados que subsistían de forma sedentaria basando sus recursos en el cultivo agrícola de cereales básicamente y en el conreo y la domesticación de algunos animales en centros ceremoniales con un cierto esplendor que fueron aglutinando paulatinamente a un mayor número de habitantes. Habría que destacar, de entre los muchos que confluyeron en el tiempo, al centro de Izapa. De él queda hoy el yacimiento arqueológico más importante de la época, ubicado en el actual Estado de Chiapas, un conjunto de varios montículos, algunos de ellos de estructura piramidal y vestigios de lo que pudieron ser campos de pelota. Algunas esculturas anticipan los grandes temas de la mitología maya, como el árbol de la vida o el dios de la lluvia, que más tarde serían recogidos en el Popol Vuh, también considerada como la Biblia maya. Las esculturas halladas ponen de manifiesto, al representar a altos mandatarios, que la estructura social empezaba a contar con sacerdotes y gobernantes que dirigían al pueblo desde una teocracia consolidada. En las tierras bajas de Guatemala, habría que destacar de esta época los asentamientos de El Mirador o Oxactún, en los que ya se erigieron edificios de forma piramidal, con una clara ornamentación dedicada a los dioses que gobernaban y dirigían el designio de sus vidas.

Fue en estos centros ceremoniales donde el culto a los dioses y la vida litúrgica fueron arraigándose hasta llegar a concebir la mayor y más esplendorosa civilización de mesoamérica. De manera progresiva, fueron dando lugar a verdaderas ciudades-estado, con una gran densidad de población, en las que hay que destacar la organización política, cultural, religiosa y civil, así como un entramado urbano propio de las grandes civilizaciones. Las viviendas se agrupaban alrededor de los grandes templos, las plazas que acogían los centros administrativos y de poder, las canchas para el juego de la pelota y los espacios que daban lugar a la vida pública y social. No por ello dejaron de existir un gran número de poblados que basaban su actividad en la agricultura y que suponían la principal fuente de recurso de suministro a las ciudades y, por lo tanto, alimentaban una intensa actividad comercial.

Para alcanzar a comprender todo el esplendor que llegaría a desplegar el extenso abanico de ciudades de la civilización maya, hay que remitirse a uno de los acontecimientos que han quedado registrados en su escritura y en muchos de los monumentos que dan testimonio de lo que ocurriera entonces. Inscrita en varios de ellos, la fecha del 8 de enero del año 378 de nuestro actual calendario gregoriano marca el momento en el que, llegado supuestamente desde Teotihuacán, un desconocido arropado por un poderoso ejército llegó a la ciudad maya de Waka desplegando un arsenal inimaginable de hombres, armas y atuendos guerreros que dejaron, tal como describen las crónicas, obnubilados a los habitantes de la ciudad. Hasta esta fecha, la ciudad era un centro ceremonial de grandeza reconocida, con importantes avenidas y plazas, edificios descomunales. Todo un enclave comercial por su nivel de productividad y por el volumen demográfico, se cree que hasta unas 100.000 personas llegaron a habitar la ciudad por esos días, posiblemente la más poblada en esa época.

El nombre del desconocido: Nace el Fuego.

No parece que en Waka se encontrara con mucha resistencia y las crónicas apuntan a que en pocos días consiguió hacer crecer su ejército y los recursos de éste para adentrarse en la selva en dirección a Tikal. Las noticias correrían seguramente hacia la ciudad más importante del imperio maya que tomó disposición de frenar el avance de aquel ejército hacia la urbe, pero éste era tan poderoso que una semana más tarde, sin que nadie pudiera impedirlo, había tomado la ciudad de Tikal, en la actual región de Flores (en el Petén guatemalteco). Impuso allí su ley y destronó a los gobernantes (Zarpa del Jaguar era el rey en ese momento) haciéndolos sus prisioneros y ejecutándolos después. Desde su llegada, no habría durante cinco siglos mayor magnificencia y riqueza para el conjunto de la civilización mágica de los mayas.

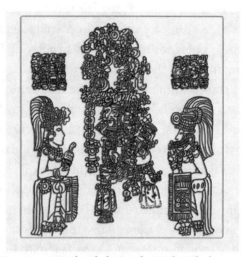

*Ilustración 13. Frente y costados de la Estela 31 de Tikal, que muestran a Siyaj K'ak' K'awil, rey de Tikal, flanqueado por dos retratos de su padre.*

No obstante, algunas hipótesis contrarias conciben a Nace el Fuego como un guerrero que tuvo que huir de Tikal hacia zonas lejanas después de que el anterior rey fue destronado por un golpe de estado de Zarpa de Jaguar y que su retorno no fue más que una reconquista esperada por el pueblo.

En cualquier caso, lo que sí parece claro es que Nace el Fuego llegó desde Teotihuacán con un objetivo y una misión muy clara, establecer un control absoluto en la zona del Petén con miras a hacerse con la ciudad-estado de Tikal y ponerla bajo el control de la desarrollada civilización establecida por aquella época en el interior del actual estado mexicano. Sabía que si podía hacerse con el dominio de Tikal sería capaz de establecer un liderazgo que llevaría a que todas las ciudades-estado colindantes se unieran, consolidando así un imperio desde el que alcanzar el mayor nivel de esplendor jamás soñado. Las inscripciones dejan claro que Nace el Fuego era el enviado de un gobernante del altiplano mexicano cuyo nombre sería Búho Lanzadardos (siempre muy relacionados los nombres de los reyes gobernantes con el mundo animal, ya que existía la creencia de que los mayas provenían del submundo, y que los animales encarnaban la fuerza y el poderío de los dioses que los asistían). No se descarta la hipótesis de que Tikal acabara convirtiéndose en un estado vasallo de Teotihuacán en un plan para conquistar las tierras bajas y que la ciudad del Petén fue un enclave determinante para llevar a buen término la clara misión de crear un imperio.

*Ilustración 14. Escena de combate. Guerra maya.*

A lo largo de los sucesivos siglos, los mayas aprendieron a desarrollar sistemas de agricultura más sofisticados y productivos, lo que hizo que el crecimiento de la población se disparara y los diferentes poblados y asentamientos fueran alcanzando el estatus de pequeñas metrópolis que acabarían constituyéndose en magnas ciudades-estado. No es necesario nombrar cómo fruto de este crecimiento y desarrollo la cultura y la arquitectura afloraron como espacios en los que dejar constancia de todo el esplendor que estaban alcanzando; como testimonio nos han quedado las pirámides, los templos, la alfarería, la pintura, las esculturas y todo un sistema de escritura y de cómputo del tiempo (descubrieron el año solar de 365 días y contaban con mediciones que les permitían corregir incluso los años bisiestos), lo que demuestra su alto saber astronómico, todo un enigma para la fecha, pues consiguieron incluso predecir eclipses.

Su sistema político social estaba organizado de forma teocrática, con reyes «todopoderosos» que eran el enlace entre los mortales y los dioses. No obstante, más que una sociedad compuesta por reyes, sacerdotes, escribas y campesinos, la historia de la civilización maya está cargada, como no podía ser de otra manera, de conflictos, guerras, luchas por el poder, sangre, conquistas y reconquistas, alianzas políticas y sacrificios. Como se verá, todo ello debió de contribuir, con toda probabilidad, al declive de la civilización, sobre el 900 de nuestra era.

## Astronomía y arquitectura: La expresión de la sabiduría

Durante el período clásico, la civilización maya estuvo extendida por todo el territorio centroamericano correspondiente a México, Guatemala, Belice, Honduras y El Salvador. No hay que concebir esta extensión como la de un gran imperio con un poder centralizado, tal como se ha visto, sino como un conjunto de ciudades-estado relacionadas entre sí y con la hegemonía de algunas de ellas, dependiendo del momento histórico, aunque existe un amplio consenso en considerar a Tikal y Calakmul como las dos ciudades más importantes del mayor florecimiento de la civilización maya.

La organización político-social de las ciudades mayas permitió el gran desarrollo de la sabiduría que ha trascendido hasta nuestros días. Una estructura claramente piramidal en la que el poder era ostentado por un jefe político y militar, y muy posiblemente también religioso, afincado en un gran palacio y rodeado de toda una corte de sacerdotes, sirvientes, artesanos y gentes todas ellas al servicio del gran rey, hizo posible que algunos de estos hombres muy cercanos al poder pudieran dedicarse de pleno al estudio de las dos grandes herencias que ha dejado el legado maya: la arquitectura y la astronomía. Gran parte del conocimiento germinó como continuidad de la herencia que ya habían recibido de los olmecas y de otras ciudades-estado como la de Teotihuacán.

*Ilustración 15. «El caracol». Observatorio astronómico. Chechén Itzá. México.*

Con respecto a la astronomía, hay que decir que los mayas se convirtieron sin lugar a dudas en los más grandes astrónomos y matemáticos de todo mesoamérica, dejando un legado de conocimiento sorprendente por lo prematuro y fascinante por lo preciso, sin olvidar que no tenían más que sus ojos para mirar al cielo. Los instrumentos con los que realizaban sus cálculos eran del todo rudimentarios (palos de madera cruzados que utilizaban como referencia para realizar

mediciones que luego inscribían en madera o en cortezas de árbol);
no obstante, llegaron a construir edificios destinados al único fin
de observar el firmamento, verdaderos observatorios astronómicos
(*véase* ilustración 15, el Caracol, en Chechén Itzá; y la ilustración 16, el
edificio J, en Monte Albán; el palacio del gobernador, en Uxmal; o la
Torre del palacio, en Palenque) desde los que poder elaborar hipótesis, predicciones de una exactitud propia de épocas venideras y autén-
ticas teorías que combinadas con el conjunto de mitos religiosos les
llevaron a una concepción del mundo avanzada para su tiempo y, por
lo que predijeron, nada desfasada de lo que nos tocaría vivir.

*Ilustración 16. Edificio J. Monte Albán.*

El mayor testimonio de su saber astronómico queda recogido
en el Códice de Dresde, el más completo de los que se conservan,
pues en él aparecen inscritos textos que, una vez decodificados los
glifos y su sistema de escritura (algo que ha ocurrido en los últimos
40 años), han puesto de manifiesto la precisión que alcanzaron en
su conocimiento del sistema solar y de los ciclos de la mayoría de los
planetas que lo componen, así como una clara concepción del tiempo, entendido como algo verdaderamente intrincado en el acontecer

de la galaxia, una dimensión irreductible e inseparable de la materia que compone el universo. Dejaron constancia del conocimiento que tenían de la eclíptica solar y de los movimientos del conjunto de las constelaciones tomándola como referencia; fueron capaces de concebir la Tierra como un planeta dentro de un sistema de mayor envergadura que habitaba en una gran galaxia que ellos denominaban «camino blanco», a la que veneraban y que tuvieron como referencia para establecer los diferentes sistemas de calendario y cómputo del tiempo. Todas las ceremonias religiosas, las fiestas, los diferentes cultos, los sacrificios y los grandes acontecimientos militares, políticos y litúrgicos tenían lugar teniendo en cuenta la disposición de los astros, tan ligada a sus diferentes calendarios, y no se puede concebir la excelencia con la que llegó a desarrollarse la cultura maya si no es tomando como referencia el gran conocimiento astronómico que llegaron a alcanzar.

Todo este saber está fuertemente ligado al desarrollo de las matemáticas: descubrieron el cero mucho tiempo antes que las civilizaciones del viejo mundo y utilizaron un sistema vigesimal que les resultaría óptimo, tal como se verá en el siguiente apartado, para calcular y contabilizar el tiempo.

El gran conocimiento matemático les permitió construir grandes templos, símbolo inequívoco y perdurable que brinda testimonio del esplendor que llegaron a alcanzar. Hablar de los mayas es pensar en sus pirámides y provoca siempre gran admiración concebir que fueran capaces de construir templos y ciudades de tales dimensiones, revelándolos como maestros de una arquitectura compleja y llena de misterios, algunos de ellos aún por resolver.

Los grandes monumentos arquitectónicos han quedado como testimonio en varios enclaves de especial relevancia por lo que fueron en su época y por lo que significan hoy en día para el conocimiento de una civilización que apasiona y seguirá apasionando por muchos años. Monte Albán, Palenque, Teotihuacán, Tikal, Tula, Chechén Itzá, Copán, Bonanpak, Uxmal, todos ellos permiten un viaje en el tiempo, una transportación a la gloriosa época en la que acogieron entre sus muros la vida llena de magia y sabiduría de los hombres que miraban las estrellas. Todos los monumentos ofrecen al observador, al turista, al visitante, al experto, una puerta a un pasado lejano que uno puede acariciar y oler con sólo pasear por lo que un día fueron calles repletas de gentes. Las construcciones más antiguas, algunas de ellas de la época olmeca en el preclásico superior, eran plataformas escalonadas que servían como espacios ceremoniales y de culto religioso. Acercarse al universo y estar cerca de los dioses era una máxima que hacía elevar las pirámides hasta alturas increíbles para la época, montañas de piedra perfectamente edificadas para albergar templos en lo más alto de ellas, lugares sagrados desde los que encomendarse a las divinidades que regían sus vidas. Mientras los sacerdotes celebraban en la parte más alta de los templos y las pirámides, la liturgia en la que eran habituales los sacrificios animales y humanos, como ofrenda a los dioses, el pueblo permanecía abajo, atestando las plazas en las que las ceremonias regulaban de forma prioritaria la vida social y religiosa de la comunidad. La ubicación de las pirámides se ajustaba a disposiciones astronómicas, permitía el cálculo de rotación y los ciclos de los planetas y funcionaban como verdaderos calendarios en los que se recogía el transcurrir y el cómputo del tiempo, como la pirámide de los nichos de Tajín (la más representativa con sus 365 nichos que simbolizan los 365 días del año solar); o la pirámide de Kukulcán, en Chechén Itzá, que cuenta con cuatro caras de 91 escalones, más una plataforma, que simbolizan de nuevo los 365 días del año y en la que dos esculturas con cabezas de serpiente emplumada descansan en la base de la cara norte para que el sol, durante los atardeceres del equinoccio, haga recorrer una sombra que se une a la cabeza de la serpiente simbolizando así la bajada de Kukulcán a la Tierra. El magnífico espectáculo muestra una vez más el gran saber astronómico de los mayas y cómo éste estaba al servicio de la arquitectura y la adoración divina.

Los edificios mayas eran en su mayoría de piedra y solían estar recubiertos con estuco de cal para tapar las juntas entre las piedras que los componían. Normalmente estaban asentados sobre estructuras elevadas para aislarlos del suelo. Algunas de estas elevaciones podían alcanzar hasta 40 metros. Las escalinatas permitían el acceso a la base de los templos y las estructuras elevadas hacían las funciones de comunicar unos edificios con otros.

La gran arquitectura maya se rige por el principio de la superposición, según el cual hay que levantar siempre un lugar de culto nuevo sobre otro anterior; este principio explicaría que algunas de sus pirámides alcancen alturas de hasta 70 metros, pues fueron superpuestas unas a otras con el fin de aproximarse cada vez más a los dioses.

En términos puramente técnicos, hay que destacar como elemento más definitorio de la arquitectura maya la «falsa bóveda» (*véase* ilustración 17), que hace que dos muros se conecten entre sí haciendo avanzar sillares de piedra hasta que éstos puedan unirse con una sola piedra, la «piedra clave».

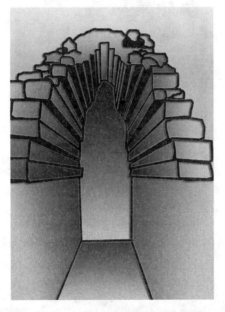

*Ilustración 17. Ejemplo de falsa bóveda.*

El origen de esta falsa bóveda estaría en las construcciones más rudimentarias de las chozas de paja. También utilizaban otros sistemas para cerrar sus construcciones, como el techo plano, que construían con vigas y hormigón de cal.

Las pirámides (*véase* ilustración 18) estaban destinadas al culto y a los sacrificios, mientras que los palacios (*véase* ilustración 19) albergaban la morada de los reyes y miembros de las clases dominantes. Las primeras, altas y majestuosas, los segundos, más planos y con un número importante de cámaras destinadas cada una a fines distintos. Por lo tanto, las pirámides y los palacios (*véase* ilustración 20) constituyen el elemento central de la arquitectura maya.

*Ilustración 18. Pirámide del Gran Jaguar. Tikal.*

*Ilustración 19. La casa del gobernador. Palacio Maya.*

*Ilustración 20. Vista desde el Gran Jaguar de los Palacios de Tikal.*

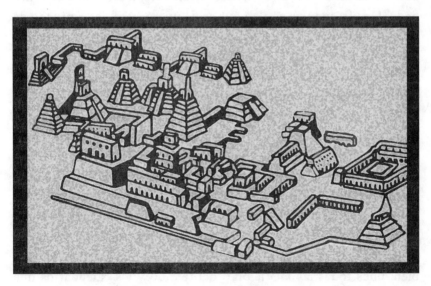

*Ilustración 21. Reconstrucción de la ciudad de Tikal.*

Pero si hay algo que verdaderamente fascina, además de la arquitectura de los antiguos mayas, es su precisión en el cómputo del tiempo, y cómo su relación con él, tan intrincada en su vida diaria, permite vislumbrar la esencia de un pueblo que, por encima de todo, pretendió estar en una perfecta sincronización con la naturaleza y el cosmos.

## Los ciclos del tiempo y el calendario Maya

Medir el tiempo no es algo banal y sin importancia, pues el hombre vive sujeto a ciclos que regulan sus ritmos vitales. El ciclo básico del hombre, que es el mismo que el de los antiguos mayas: el ciclo día-noche. Un día y una noche completan un período que nosotros denominamos día y ellos denominaban *kin*. Pero a partir de ahí, las diferencias en la concepción del tiempo son abismales. Los mayas tomaron conciencia de que el tiempo no transcurría linealmente, sino que lo hace en forma de ciclos, y que la naturaleza tiene ciclos que hay que medir en base a una frecuencia determinada. Una frecuencia es algo que se repite, sucesivamente, a un ritmo determinado. Una frecuencia es algo que se da un número determinado de veces. La división del tiempo lineal en unidades que se repiten sucesivamente le imprime al tiempo un carácter cíclico que está presente en la naturaleza como tal. Nuestro actual calendario gregoriano trabaja con una frecuencia de sincronización del tiempo de 12:60, con dos períodos de 12 horas para cada día y 60 minutos para cada hora. Esta frecuencia de sincronización es la que corresponde a una circunferencia, que puede dividirse en 360 grados. También el año está basado en la frecuencia 12:60, pues el año está dividido en 12 meses, como si la órbita de la Tierra fuera circular, cuando en realidad es elíptica. Esto lleva al hombre a habitar en un tiempo de sincronización desviado de los tiempos de sincronización propios de la naturaleza, que son el 13 y el 20 y que los mayas conocían muy bien, pues todas las mediciones del tiempo y los calendarios que desarrollaron se basaron en la frecuencia de sincronización 13:20.

La división del tiempo era considerada de vital importancia para armonizar la vida con los ciclos propios de la galaxia, por lo que el cómputo del tiempo debía ajustarse al conocimiento del ciclo de los astros.

Los maestros mayas desarrollaron varios tipos de calendario, ya que las diferentes observaciones de los ciclos de los astros les llevaron a tener un conocimiento muy exhaustivo, tal como se ha visto, del tiempo. No obstante, fueron únicamente dos calendarios los que llegaron a tener una presencia reguladora del tiempo. Uno de estos calendarios, el Tzolkin, contenía un total de 260 días solares, con 13 meses de 20 días. El segundo, el Haab, o calendario solar, era un calendario de 365 días, completando de esta manera un ciclo solar de 18 meses de 20 días más un mes corto de 5 días. Estos calendarios eran los más avanzados para la época y no hay duda de que su manejo del tiempo y el registro histórico del mismo se hizo en base a conocimientos de elevadísimo nivel, sólo asequible para mentes capaces de observar el universo con verdadera pretensión científica. Los mayas se manejaban con el tiempo de una manera precisa, también para los grandes períodos. Representados como dos ruedas en un engranaje de relojería, los dos calendarios completaban un ciclo denominado el siglo mesoamericano de 52 años solares. Es decir, combinando estos dos calendarios, el Tzolkin y el Haab, generaban un ciclo más largo denominado «rueda calendárica», un período de 52 años solares que se completaba después de combinar todos los elementos del Tzolkin con todos los elementos del Haab; era justo en este momento en el que realizaban las correcciones respecto al ciclo solar, ya que el año solar es de algo más de 365 días, y de igual manera que en el calendario gregoriano se corrige esta desviación con los años bisiestos, en el calendario maya se corregía después de completar una rueda calendárica, o lo que es lo mismo, una combinación completa de los días del calendario sagrado con los del calendario civil. Veamos con detenimiento cada uno de estos calendarios y las combinaciones a las que daba lugar, pues de ellos se desprenden las inscripciones fechas en las que profetizaron los hechos que habrían de ocurrir.

## Tzolkin o los ritmos sagrados

El calendario sagrado del Tzolkin quiere decir «orden» (tzol) «de los días» (kin), y aunque no se ha consensuado un origen claro, la función que tenía estaba muy determinada. El Tzolkin expresa un ciclo de 260 días; 20 días, cada uno con su propio nombre asociados a elementos de la naturaleza que se repiten un total de 13 veces. Cada uno de los días tenía una significación propia, un augurio capaz de predecir el rumbo de las vidas, de los pueblos y de la galaxia. Los mayas nacían bajo el signo del día en cuestión, y eso les permitía predecir la vida del recién llegado. Por lo tanto, la combinación de los 20 nombres con los 13 números da lugar a la identidad de cada día según la combinación de éstos. El Tzolkin era usado por los mayas para fijar los acontecimientos sagrados y religiosos, para calcular las siembras del maíz y para dar nombre a los recién nacidos. Es por lo tanto un calendario religioso. También se relaciona el calendario con las 13 lunas del año y con los 260 días del período de gestación de la mujer. Algunos autores han correlacionado el calendario con el ciclo anual de las Pléyades (nombre griego cuya traducción sería «palomas»). Las Pléyades (también conocidas como las 7 hermanas) son un conjunto de estrellas que se pueden observar a simple vista en cualquier noche despejada. Los mayas fijaron el inicio del ciclo de 52 años en el momento en que las Pléyades cruzaban el quinto punto cardinal o el cénit del cielo a medianoche. Es decir, fijaron un punto en el tiempo de acuerdo con el ciclo de un conjunto de cuerpos celestes. El Sol se alinea con Alción, la estrella central de las Pléyades, cada 52 años. Para entender el funcionamiento del tzolkin, vamos a tomar los nombres de los 20 días y a combinarlos (en el sincronario) con cada una de las trecenas. De esta forma, cada uno de los días del calendario tiene un valor numérico correspondiente a la trecena (1-13) y uno de los nombres de los veinte días:

'Imix – 'Ik – Ak'bal – K'an – Chik'chan – Kimi – Manik'
Lamat – Muluk – Ok – Chuwen – 'Eb – Ben – 'Ix
Men – K'ib – Kaban – 'Etz'nab – Kawak – 'Ahaw

La combinación de cada uno de los días con su correspondiente valor numérico del 1 al 13 (*véase* ilustración 22) muestra el funcionamiento del calendario (*véase* ilustración 23).

*Ilustración 22. Representación del calendario del Tzolkin.*

| Significado | Dia | Nombre del Día | SINCRONARIO DEL TZOLKIN | | | | | | | | | | | | |
|---|---|---|---|---|---|---|---|---|---|---|---|---|---|---|---|
| Dragón | 1 | 'Imix | 1 | 8 | 2 | 9 | 3 | 10 | 4 | 11 | 5 | 12 | 6 | 13 | 7 |
| Viento | 2 | 'Ik | 2 | 9 | 3 | 10 | 4 | 11 | 5 | 12 | 6 | 13 | 7 | 1 | 8 |
| Noche | 3 | Ak'bal | 3 | 10 | 4 | 11 | 5 | 12 | 6 | 13 | 7 | 1 | 8 | 2 | 9 |
| Semilla | 4 | K'an | 4 | 11 | 5 | 12 | 6 | 13 | 7 | 1 | 8 | 2 | 9 | 3 | 10 |
| Serpiente | 5 | Chik'chan | 5 | 12 | 6 | 13 | 7 | 1 | 8 | 2 | 9 | 3 | 10 | 4 | 11 |
| Enlazador de mundos | 6 | Kimi | 6 | 13 | 7 | 1 | 8 | 2 | 9 | 3 | 10 | 4 | 11 | 5 | 12 |
| Mano | 7 | Manik' | 7 | 1 | 8 | 2 | 9 | 3 | 10 | 4 | 11 | 5 | 12 | 6 | 13 |
| Estrella | 8 | Lamat | 8 | 2 | 9 | 3 | 10 | 4 | 11 | 5 | 12 | 6 | 13 | 7 | 1 |
| Luna | 9 | Muluk | 9 | 3 | 10 | 4 | 11 | 5 | 12 | 6 | 13 | 7 | 1 | 8 | 2 |
| Perro | 10 | Ok | 10 | 4 | 11 | 5 | 12 | 6 | 13 | 7 | 1 | 8 | 2 | 9 | 3 |
| Mono | 11 | Chuwen | 11 | 5 | 12 | 6 | 13 | 7 | 1 | 8 | 2 | 9 | 3 | 10 | 4 |
| Humano | 12 | 'Eb | 12 | 6 | 13 | 7 | 1 | 8 | 2 | 9 | 3 | 10 | 4 | 11 | 5 |
| Caminante del cielo | 13 | Ben | 13 | 7 | 1 | 8 | 2 | 9 | 3 | 10 | 4 | 11 | 5 | 12 | 6 |
| Mago | 14 | 'Ix | 1 | 8 | 2 | 9 | 3 | 10 | 4 | 11 | 5 | 12 | 6 | 13 | 7 |
| Águila | 15 | Men | 2 | 9 | 3 | 10 | 4 | 11 | 5 | 12 | 6 | 13 | 7 | 1 | 8 |
| Guerrero | 16 | K'ib | 3 | 10 | 4 | 11 | 5 | 12 | 6 | 13 | 7 | 1 | 8 | 2 | 9 |
| Tierra | 17 | Kaban | 4 | 11 | 5 | 12 | 6 | 13 | 7 | 1 | 8 | 2 | 9 | 3 | 10 |
| Espejo | 18 | 'Etz'nab | 5 | 12 | 6 | 13 | 7 | 1 | 8 | 2 | 9 | 3 | 10 | 4 | 11 |
| Tormenta | 19 | Kawak | 6 | 13 | 7 | 1 | 8 | 2 | 9 | 3 | 10 | 4 | 11 | 5 | 12 |
| Sol | 20 | 'Ahaw | 7 | 1 | 8 | 2 | 9 | 3 | 10 | 4 | 11 | 5 | 12 | 6 | 13 |

*Ilustración 23. Sincronario del Tzolkin y significado de los días.*

## El Haab y la Rueda Calendárica

El año solar maya se conoce como Haab, y coincide con los 365 días que tarda la Tierra en recorrer un giro completo alrededor del Sol. Los mayas, como buenos conocedores de la astronomía, sabían que era la Tierra la que giraba alrededor del Sol sobre una órbita constante para la que eran necesarios 365 días. Dividían el año con un sistema vigesimal, es decir, en base 20, por lo que el año estaba dividido en 18 meses (uinales) de 20 días cada uno, lo que da un total de 360 días, más un mes de cinco días denominado «uayeb» que se dedicaba exclusivamente a la celebración del final del año y la preparación para el inicio del año nuevo. A este calendario se le conoce como el calendario civil, y era usado para fijar fechas de celebraciones, establecer acontecimientos y guiar la vida social y política, para regular los ciclos agrícolas y para las relaciones y las transacciones comerciales. Igual que en el año gregoriano denominamos los días numerándolos primero y siguiéndolos del nombre del mes (25 de febrero), el año Haab los numera con cada uno de los 20 días y le añade el nombre del mes también, con la diferencia de que el primer día de cada mes era el día cero. El año se inicia con lo que correspondería a nuestro 26 de Julio (0 Pop). Cada uno de los meses estaba relacionado con un patrono o dios que lo gobernaba, o dedicado a algún elemento de la naturaleza que los mayas consideraban de especial relevancia en su vida diaria (el jaguar, el murciélago, la serpiente, etc.). Por otro lado, cada uno de los meses se relacionaba con un aspecto importante de la meditación y tenía su correspondiente consigna, es decir, había un mes donde cerrar las puertas equivocadas era el mensaje que guiaba la oración y la celebración divinas, como también podían serlo el aprender a ver en la oscuridad, en clara simbología hacia una visión interior no determinada por la luz exterior sino por la sabiduría y el trabajo armónico de su conciencia con el resto del universo. Los mayas otorgaban mucha importancia a establecer relaciones armónicas con el universo, y éste no dejaban de considerarlo como lo que es: espacio y tiempo. La armonía había que tejerla de manera pausada con los elementos claves de su hábitat, especialmente las plantas, los animales y los recursos que permitían la vida (la lluvia, el sol, el maíz). Cada mes estaba anclado en alguna de sus cruciales creencias para el desarrollo de la vida social y política, y eso se traducía en celebraciones de manera habitual muy vinculadas al tributo que le rendían a los dioses en forma de sacrificios, ofrendas y para los que construyeron, tal como se ha visto, importantes ciudades y templos que han servido y sirven como testimonio de su sabiduría y sus costumbres. La mayoría de estas celebraciones tenían que ver con el culto a la vida (celebración del año nuevo), a los sacerdotes, que servían como enlace entre lo terrenal y lo divino (culto de los sacerdotes y culto a los dioses), así como a las tareas desarrolladas por los cazadores y los pescadores y, cómo no, también por los guerreros y defensores (*véase* ilustración 24).

| Mes | Equivalencia | Nombre | Patrono | Consigna Meditación | Celebraciones |
|---|---|---|---|---|---|
| Pop | Julio 26-Agosto 14 | Petate | Jaguar | El que sabe | Celebración del nuevo año |
| Uo | Agosto 15-Septiembre 3 | Rana | Número 7, Dios de la Luna | Escucha en silencio | Culto de los sacerdotes |
| Zip | Septiembre 4-23 | Espíritu | Dios Serpiente Itzamnak | Integrar el universo | Mes de los cazadores y los pescadores |
| Zodz | Septiembre 24-Octubre 13 | Murciélago | Murciélago | Basado en el conocimiento | Preparación para el festival Tzec |
| Tree | Octubre 14-Noviembre 2 | Cimiento | Cabán | Llegando a las bases | |
| Xul | Noviembre 3-22 | Término | Quetzalcoatl | Siembra con sabiduría una semilla | El honor de Kukulcan |
| Yaxkin | Noviembre 23-Diciembre 12 | Sol verde | Sol | Un pequeño rayo de sol encendido | Iniciación de la ceremonia de renovación |
| Mol | Diciembre 13-Enero 1 | Juntar | Dios viejo desconocido | Une todas las piezas | |
| Chen | Enero 2-21 | Pozo | Luna | Entra en la fuente de la sabiduría interna | Ceremonias de renovación de los dioses |
| Yax | Enero 22-Feb 10 | Verde | Señores de las lluvias | Aclara la mente | Ceremonias de renovación de los templos |
| Zac | Febrero 11-Marzo 2 | Blanco | El que perdona | Disipa tus dudas | Cazadores:7 Ahau del Tzolkin |
| Ceh | Marzo 3-22 | Fuego nuevo | El señor del viento | Cambia tus hábitos para buscar la luz | |
| Mac | Marzo 23-Abril 11 | Cerrar | Señores de las lluvias | Cierra la puerta equivocada | Ceremonia del dios Tupp kak |
| Kankin | Abril 12-Mayo 1 | Sol amarillo | Virgen del fuego | Recibe la luz del que sabe | |
| Muan | Mayo 2-21 | Lechuza | Señor de la Lluvia | Aprende a ver en la oscuridad | Fiesta del cacao |
| Fax | Mayo 22-Junio 10 | Música | Dios de la lluvia | Toca la música del futuro | El honor de los guerreros |
| Kayab | Junio 11-30 | Canto | Señor de la lluvia | Sigue el ritmo de la canción | |
| Cumku | Julio 1-20 | Cocinar | Señor de la lluvia | Halla el lugar correcto | Vísperas del año nuevo |
| Uayeb | Julio 21-25 | Hechizado | | | Sacrificios |

*Ilustración 24. Tabla de equivalencia y significado de los meses del calendario Haab.*

A continuación (*véase* ilustración 25) se muestran cada uno de los meses con su correspondiente glifo.

*Ilustración 25. Glifos de los meses del calendario Haab.*

Pero los mayas, si algo tenían claro, es que el tiempo no puede ser considerado como algo simplemente fragmentable, divisible para ser computado y controlado, permitiendo así el consenso de los hombres respecto de su ubicación. Los mayas no concebían el tiempo de manera estrecha, sino que sabían del concepto de eternidad que le subyace y que la manera de establecer una relación fidedigna con la historia del tiempo y los ciclos que marcan y determinan el devenir del hombre en su franja histórica están relacionados con el ciclo del propio tiempo y de las disposiciones galácticas que se manifiestan y son coincidentes con él. Si por algo destacaron los mayas es por establecer relaciones entre un tiempo y otro, entre el tiempo de las cosechas y los augurios, el tiempo del ciclo menstrual y de la fase lunar, es decir, el tiempo de los hombres, con el tiempo del sol y de los astros, el tiempo civil que nos lleva a pasar de un año a otro. La conexión entre estos dos tiempos se establece a través de un engranaje que lleva hasta un período de 52 años solares: la rueda calendárica (Ilustración 26).

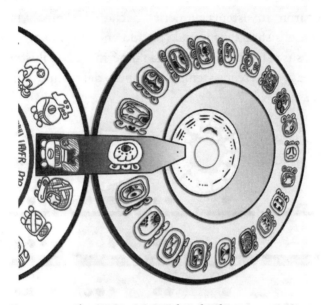

*Ilustración 26. Rueda calendárica:*
*combinación del calendario Tzolkin y Haab.*

La combinación del Tzolkin con el Haab conforma un ciclo de 52 años solares, o lo que es lo mismo, 18.980 días. Para los mayas, cada día tiene su correspondiente valor en el calendario de 260 días (Tzolkin) y en el calendario civil (Haab) de 365 días. Así, un día cualquiera se expresa, por ejemplo, como 9 Muluc, 4 Chen. Después de 52 años, el ciclo se completa para volver a empezar sin que se haya repetido durante estos 18.980 días ninguna combinación. A diferencia de la concepción del tiempo del hombre occidental, para los mayas el tiempo siempre es cíclico, por muy largo que sea el período, todo vuelve a empezar siempre, al igual que los astros, que en cada una de sus órbitas regresan siempre al punto de partida, dejando el contador a cero. Dos ciclos de 52 años, coinciden con el ciclo de Venus.

## La Cuenta Larga

Además de contar con el cero, un avance matemático sin el que no hubieran podido desarrollar la mayoría de sus conocimientos, los mayas idearon un sistema numérico hecho de puntos y rayas para representar el sistema vigesimal (basado en la veintena), con el que realizaban sus cálculos. Este sistema numérico (*véase* ilustración 27) está en la base del tercer sistema de cómputo del tiempo denominado «Cuenta Larga».

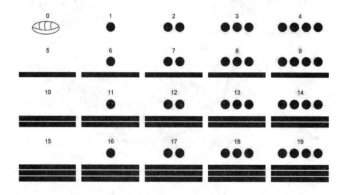

*Ilustración 27. Sistema de notación maya del sistema numérico vigesimal.*

La Cuenta Larga supone contar el número de días (kines), meses (uniales), años (tunes), veintenas (katunes) y siglos (baktunes) que han ocurrido entre dos alineaciones galácticas sucesivas.

La correspondencia exacta entre los períodos de la Cuenta Larga y el actual calendario gregoriano con el que la civilización del planeta computa el tiempo correspondería a la que se expresa a continuación (*véase* ilustración 28):

| Glifo | Nombre | Valor | n.º Días | Correspondencia con el calendario gregoriano |
|---|---|---|---|---|
| | kin | 1 ciclo de rotación terrestre | 1 | 1 día |
| | uinal | 20 kines | 20 | Aprox. 1 mes |
| | tun | 18 uniales | 360 | Aprox. 1 año solar |
| | katún | 20 tunes | 7.200 | Aprox. 20 años solares |
| | baktún | 20 katunes | 144.000 | Aprox. 400 años solares 144.000 días 20 katunes |

*Ilustración 28. Correspondencia del calendario de Cuenta Larga con el calendario gregoriano.*

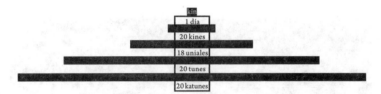

*Ilustración 29. Representación piramidal del tiempo según el calendario de Cuenta Larga.*

¿Cómo se registra una fecha en el calendario de la Cuenta Larga? La notación recoge un conjunto de 5 dígitos que, expresados con el sistema numérico decimal, sería de la siguiente manera:

0.0.0.0.0

Esto sería igual a decir cero baktunes, cero katunes, cero tunes, cero uniales, cero kines, o lo que es lo mismo, el primer día de la cuenta. Igual que el calendario gregoriano cuenta los días transcurridos desde el nacimiento de Cristo, hecho a partir del cual se contabiliza la era actual, los mayas fecharon el inicio de la Cuenta Larga en el 11 de agosto de 3114 a. C. Este día correspondería con el 4 Ahau 8 Cumku del calendario tzolkin, y para ellos suponía el inicio de una era de 5.125 años que finalizará el 22 de diciembre de 2012 y cuya notación en la cuenta larga es 12.19.19.17.19.

Los mayas, tal como se ha visto, eran grandes observadores del universo, y sus rudimentarios instrumentos de observación y cálculo no fueron un impedimento para obtener conocimientos muy avanzados en astronomía. Para ellos, el sistema solar (Ilustración 30) presenta un movimiento orbital que lo lleva a acercarse y alejarse del centro de la galaxia. A un ciclo completo de este recorrido lo denominaban día galáctico y tendría una duración de 26.000 años tunes, o lo que es lo mismo, 5 períodos de 5.200 katunes.

Expresado gráficamente (*véase* ilustración 31), el ciclo del tiempo se correspondería con 5 períodos 5.125 años gregorianos en un alejamiento y acercamiento constante al centro de la galaxia por el sistema solar.

*Ilustración 30. Ubicación del sistema solar en la Vía Láctea.*

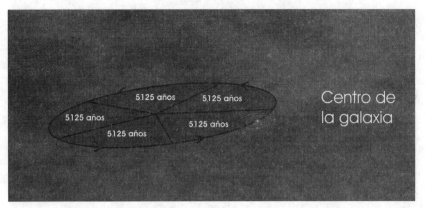

*Ilustración 31. Representación del día galáctico para los mayas de aproxima-
ción y alejamiento del sistema solar al centro de la galaxia.*

En cada finalización de cada uno de estos cinco períodos, el centro
de la galaxia emite una descarga de energía que permite sincronizar
todo el sistema solar. En el día galáctico, este resplandor sincroni-
zador duraría veinte años solares, y sólo una vez cada 26.000 años
tunes se produciría un alineamiento con el centro de la galaxia. En
este momento justo del alineamiento, el sistema solar sale de la noche
galáctica para entrar en la mañana galáctica, y se inicia de nuevo el
tiempo del desarrollo y la evolución, un tiempo que empezó en 1992
con el inicio de la descarga energética y que concluirá en diciembre
del 2012, veinte años en los que la oportunidad del hombre para entrar en una puerta que da acceso a un escalón evolutivo superior está
abierta. Las 7 profecías mayas hablan de este tiempo de 20 años en
los que el hombre habrá de vivir, ha vivido, está viviendo y vivirá,
catástrofes naturales, guerras, crisis demográficas y económicas que
le llevarán a la apertura de una nueva conciencia mucho más armo-
nizada y sincronizada con las leyes de la galaxia y del universo. El
hombre dejará paso a un nuevo hombre capaz de habitar en el tiempo
en sintonía con sus frecuencias.

# 4 | El decimotercer Baktum:
## Las 7 profecías mayas

Los Chilam Balam, o libros sagrados de los mayas, son un compendio de libros escritos en el Yucatán en los siglos XVII y XVIII de nuestra era y se escribieron como respuesta a la aniquilación que la conquista de los españoles suponía sobre sus tradiciones, creencias y cultos. Hablan de todo el conocimiento que el pueblo maya había alcanzado en medicina, astronomía, astrología y arquitectura. Los textos del Chilam Balam de Yumayel pueden considerarse los más importantes textos en los que quedan recogidas las profecías que, ya en su momento, fueron capaces de avanzar mucho de lo que hoy nos está ocurriendo. Algunas extracciones de sus textos así lo muestran: «Se volteará el sol, se volteará el rostro de la luna; bajará la sangre por los árboles y las piedras; arderán los cielos y la tierra...». En el libro del Napuc Tun, se dice que *arderá la tierra y habrá círculos blancos en el cielo. Chorreará la amargura, mientras la abundancia se suma. Arderá la tierra y arderá la guerra de opresión. La época se hundirá entre graves trabajos. Cómo será, ya será visto. Será el tiempo del dolor, del llanto y la miseria. Es lo que está por venir.* En el libro del Nahau Pech, se dice que *en los días que vendrán, cuando se detenga el tiempo, cuando haya entrado en su señorío el Cuarto*

*Katún, se acercará el verdadero conductor del día* y que en el tiempo del *Cuatro Ahau Katún, como hormigas irán los hombres detrás de su sustento; porque como fieras del monte estarán hambrientos, y como gavilanes estarán hambrientos, y comerán hormigas y tordos, y grajos, y cuervos, y ratas.* En el Chilar Balam se anuncia que llega el Trece Ahau, en las postrimerías del Katún será el principio de los hombres del Segundo Tiempo, cuando levanten su señal en alto, cuando la levanten con el Árbol de Vida, todo cambiará de un golpe. Y aparecerá el sucesor del primer árbol de la tierra, y será manifiesto el cambio para todos.

El mensaje de los mayas segó, por tanto, con un doble filo, por un lado nos anuncia el gran cambio que habrá de sucederse en estos tiempos a los que nos estamos acercando, tiempos en que todo el que quiera ver puede encontrarse con una clara guerra por el petróleo, grandes luchas de intereses comerciales y estratégicos con un sentido puramente dominado. Cualquiera puede saber que cada vez son más frecuentes las erupciones, que hay un aumento incesante de la polución, de los gases contaminantes que están debilitado la capa de ozono, que la alta contaminación industrial está provocando un aumento considerable de las personas con alergias, que las complicaciones broncorespiratorios en los niños de zonas industriales están creciendo con una tasa de prevalencia sin precedentes, que la gran deforestación está aniquilando los pulmones de la Tierra con la consecuente pérdida de calidad del aire. No hay duda de que el clima ha cambiado, las temperaturas medias están incrementándose, desertizando zonas hasta la fecha fértiles y prósperas; cada vez son más frecuentes e intensas las inundaciones, los tornados, los ciclones y los huracanes. Nadie puede garantizar que en cualquier momento no se produzca un caos informático que paralizaría el mundo; y poco hay que saber de economía para darse cuenta de que el sistema económico mundial está sufriendo serias fisuras en sus cimientos, hasta el punto de que nadie hoy día se atrevería a garantizar que pueda sostenerse por mucho más tiempo si no se produce una reconversión clara hacia un sistema más justo y sostenible de productividad y reparto de la riqueza. Ante este panorama desolador, cabe preguntarse: ¿cuál es el camino que hay que seguir? ¿Vivimos realmente en armonía? Todas las religiones han elaborado profecías, y no son pocas las que han anticipado el final de los días sujetos a la conjunción simultánea de estos y otros acontecimientos. Detrás de muchas de ellas ha habido siempre un mensaje adoctrinador, un claro objetivo de doblegar las voluntades y conseguir conversiones basadas en el miedo, un irremediable horizonte del que no será posible escapar más que a través de la salvación divina. Este mensaje ha calado de manera insondable en las diferentes sociedades y no son pocas las guerras que se han librado a favor de las convicciones religiosas. No es el caso de los mayas, pues en su claro mensaje dejan abierta la puerta de la esperanza, una puerta abierta en el tiempo para lograr el gran cambio de conciencia, un estado de energía superior donde la comunicación entre los pueblos lleve a un crecimiento sostenido y armónico, hacia una convivencia donde los valores primen por encima de los intereses y donde vivir no suponga la descarnada y cruel lucha por el dinero y el territorio. En estos tiempos de opulencia para unos, y de miseria velada (o morbosamente mostrada) para otros, se plantea necesario un cambio de orientación que está a punto de suceder. Y así, uno se plantea: ¿cómo supieron los mayas mil años atrás que todo esto iba a suceder y que lo haría justo en este momento? Dejaron unas guías para que cada uno pueda contribuir en su justa medida a una nueva era donde no haya más caos, haya avenencia y el mundo sea más justo y esté mejor repartido. Construyeron sus profecías basándose en la observación de la Tierra y del universo, tratando de concebir un planeta inserto en un universo con sus propios ciclos y no independiente de él, por lo que sus estudios sobre los ciclos solares y la galaxia les permitieron construir un elaborado registro del tiempo y de los acontecimientos que han acontecido y habrán de acontecer antes de la llegada del nuevo tiempo, un estado de conciencia más elevado y en clara sintonía con el pálpito del universo.

## Profecía 1: El final del miedo

La primera profecía habla del final del miedo, de que nuestro mundo de odio y materialismo terminará el sábado 22 de diciembre del año 2012. Todo habría empezado en 1992, pues ahí se habría iniciado el tiempo del no tiempo, que durará 20 años solares y sería correspondiente a un katún. Estos 20 años corresponderían al tiempo de duración de la descarga energética procedente del centro de la galaxia y conducirán hasta diciembre del 2012 como el final de la era de la oscuridad. Es cierto que desde esta fecha, el desarrollo de la humanidad ha entrado en una fase donde el conocimiento ha alcanzado máximos históricos. Ya lo previeron los mayas, y dejaron constancia de que durante este período, la actividad solar se incrementaría y que como consecuencia de ello, las manchas solares serían más extensas y visibles. Las previsiones científicas del National Center for Atmospheric Research es que a partir del 2011 se produzca un máximo solar, o lo que es lo mismo, una tormenta solar de importantes consecuencias para el planeta, entre ellas que las comunicaciones dejen de funcionar por la alta actividad del astro rey. El Sol es un ser vivo con su propio ciclo y, cada cierto tiempo (5.125 años), se sincroniza con el sistema en el que habita. Tiene erupciones solares (según los mayas producidas cuando recibe un incremento de energía procedente del centro de la galaxia) y cambios magnéticos. Los procesos universales de la galaxia son cíclicos, pueden cuantificarse, medirse y, por lo tanto, pronosticarse. Según sus profecías, el máximo de actividad solar generará en la Tierra un desplazamiento en su eje de rotación, y, cómo no, una alteración en la polaridad magnética del planeta. Como consecuencia de esto, profetizaron grandes cataclismos que como puede comprobarse ya se están produciendo.

Los libros sagrados del Chilam Balam señalaron que 7 años después de la entrada en el tiempo del no tiempo, es decir, en 1999 el mundo entraría en una etapa de destrucción y oscuridad donde los cataclismos se sucederían para hacer entrar al hombre en un estado nuevo de reflexión y conciencia. En su calendario fijaron, el 11 de agosto de 1999 como la fecha en la cual el hombre entraría en la última fase con opciones de cambio. Ese día, tal como ellos pronosticaron basándose en su gran conocimiento astronómico, se produjo un eclipse total de Sol de grandes magnitudes, ya que la distancia de la tierra con respecto al Sol era máxima y la distancia de la Luna con respecto a la Tierra era mínima. La gran sombra que provocó el anillo de fuego en el cielo sobre la tierra fue recorriendo Europa, pasando por los Balcanes, Kosovo, Medio Oriente, Irán, Iraq, Paquistán, India; o lo que es lo mismo, por lugares en los que el conflicto es manifiesto y está encarnizado en los últimos años, con difíciles vías de solución, o por lugares de alta inestabilidad política. Después de este eclipse, no son pocos los cataclismos que se han producido en la Tierra con grandes y desastrosas consecuencias: un terremoto en Grecia dejaba cientos de muertos ese mismo mes de septiembre. El año 2000 acababa con 20 millones de refugiados en todo el mundo procedentes de conflictos armados y catástrofes naturales (Croacia, Bosnia, Iraq, Afganistán, Somalia, Sierra Leona...); lugares todos que pueden sonar algo lejanos pues ya han pasado algunos años, pero en los que la convulsión social y las catástrofes humanitarias se acumularon, dejando un rastro de destrucción a su paso. Un informe de la NASA de ese mismo año ponía de relieve el aumento progresivo del deshielo de las zonas árticas y cómo ese deshielo estaba empezando a afectar a la isla más grande del mundo, Groenlandia, compuesta en un 85 % por hielo. Un icono del avance tecnológico de nuestra era, el Concorde, se estrellaba en el aeropuerto de una de las capitales del mundo, París, dejando un balance de 113 muertos y retirando del mercado aéreo de pasajeros el símbolo de la seguridad aérea por excelencia. El precio del petróleo alcanzó de manera sostenida máximos históricos y el mundo empezaba a dar señales de que algo estaba cambiando en él. El 2001 siguió con especial crueldad en zonas muy desfavorecidas: un terremoto de 7,9 grados en la escala Richter resquebrajaba El Salvador cuando aún no se había recuperado del huracán Mitch, era el 13 de enero. 13 días más tarde la ciudad de Buhj, en la India, quedó reducida a escombros. El 23 de junio, Perú sufría nuevamente por las sacudidas de la tierra dejando un rastro de desolación. El 11 de septiembre morían más de 6.000 personas en el más mortífero y masivo de todos los atentados terroristas mientras caían dos iconos del desarrollo económico y financiero de nuestra era, los atentados del 11S. La época del miedo alcanzaba su máximo y los hombres no podían concebirse seguros ni en el mayor fortín de todo el mundo, el corazón financiero de Manhattan. Todo lo que vendría después ha causado innumerables víctimas. A partir del 2002 la guerra contra el terrorismo mundial marcó una época de inestabilidad que alcanzaría la cumbre con la invasión de Iraq en marzo del 2003. En marzo de 2004 un gran atentado terrorista en la red de trenes de cercanías de Madrid devolvía al mundo la amenaza constante del terrorismo contra el mundo occidental. Ese mismo año, un tsunami arrasaría Asia dejando tras de sí cientos de miles de víctimas. El mundo ha entrado en una espiral de destrucción que ya fue anunciada por los mayas, un ciclo de catástrofes que son un claro indicativo de que en el tiempo del no tiempo están ocurriendo lo que en los textos mayas quedó registrado.

De esta manera, el 21 de diciembre de 2012, el hombre habrá de escoger entre continuar con su camino de destrucción y autodestrucción, o bien empezar a comprender que el universo es en sí mismo un ser vivo, orientarse al cambio que le brindará la puerta energética de alineamiento con el centro de la galaxia, y asumir por fin que el hombre es parte de este sistema y que hay que dar pasos para entrar en una nueva era de convivencia hacia la luz. El hombre habrá de integrarse con todo lo que existe.

Pero, si esto es así, ¿cómo es posible que el hombre haya evolucionado de una manera que le ha llevado progresivamente a un mayor conocimiento y dominio sobre su hábitat? Desde los antiguos mayas, ya se concebía el cambio como una evolución hacia un estado superior, un estado de conciencia nuevo que llevaría al hombre a un momento cada vez más armónico. Pero para que esto se produzca, es necesario que haya períodos de crisis, tiempos en los cuales se destruyan los vestigios del ciclo anterior para que el nuevo tiempo pueda construirse sobre la base de una orientación distinta, más cargada de sensibilidad y canalizada hacia la búsqueda de una armonía con la disposición energética de la galaxia.

Los mayas situaron el inicio de esta era que está llegando a su finalización en el 3114 a. C. para nuestro actual calendario gregoriano, y que ellos denominaban como 4AHAU 8CUMKU, día inicial de su civilización. 5.125 años después, el 22 de diciembre de 2012, el Sol, al alinearse nuevamente con el centro de la galaxia, recibirá una fuerte descarga energética que lo llevará a un máximo de actividad solar y provocará una gigantesca llamarada radiante que afectará, inexorablemente, al planeta. Cuando todo eso ocurra, la civilización habrá de estar preparada para hacer un salto cualitativo y reconocer la gran oportunidad en la historia del tiempo para convertir el actual sistema productivo y de convivencia materialista en un sistema capaz de vibrar en una frecuencia de mayor rango, un estado en el cual el equilibrio sea menos perecedero y la armonía más estable y exhaustiva. Según los antiguos mayas y su mitología, esta nueva era sería la correspondiente a un nuevo ciclo del Sol, el sexto ciclo. La de los mayas habría florecido durante el quinto Sol, y concebían que las cuatro predecesoras hubieron de perecer como consecuencia de los cataclismos que sufrió el planeta en sus respectivas alineaciones con el centro de la galaxia y los estragos que se derivaron de ellas.

Que estamos inmersos en la era del miedo es algo palpable, prueba de ello es el incremento que ha habido en el consumo de ansiolíticos, hasta un 40 % se ha incrementado en la mayoría de países del primer mundo; las personas conviven cada vez más con el miedo, la amenaza es constante y está fuertemente alimentada por el discurso de los líderes políticos que se erigen como garantes de la seguridad del planeta únicamente con la pretensión de que el voto les llegue por la vía de la protección.

Si se tiene en cuenta qué tipo de hombre se ha cultivado en estos tiempos nos encontramos con un hombre defensivo y agresivo a la vez, consumista y nada cívico, irrespetuoso con el medioambiente, ambicioso y nada altruista, que basa su relación en la dominación y en la competitividad, no en la cooperación y el consenso. Pero a la vez, el hombre está siendo cada vez más consciente del daño que le está haciendo al planeta, y van a ser necesarios grandes cataclismos para que esta conciencia cale en cada una de las mentes de los habitantes y éste tome un nuevo rumbo. Esto nos lleva a la segunda profecía, aquella que anuncia que el devenir de los hombres está en sus propias manos.

## Profecía 2: El cambio de comportamiento

Los mayas descubrieron que todo el sistema solar presenta un movimiento de traslación que le lleva a acercarse y a alejarse periódicamente al centro de la galaxia. Una órbita completa de este ciclo era para ellos un día galáctico, es decir, 25.625 años solares. Así, el día galáctico tendría una mitad (la noche) y otra mitad (el día), cada una de ellas comprendería 12.812,5 años. Este gran ciclo de 25.625 años estaría dividido en 5 subciclos. Tal como un día cualquiera de nuestras vidas está dividido en mañana, mediodía, tarde, noche y madrugada, el día galáctico, con un orden de magnitud infinitamente superior, también lo estaría, y, por lo tanto, también tendría su mañana, su cénit, su atardecer, su noche y su madrugada. De esta forma, el hombre actual estaría a punto de completar un ciclo de 25.625 años, o lo que es lo mismo, de trece baktunes, y estaría entrando en el amanecer de la galaxia, lo que precede a su mañana, una era de desarrollo y de luz.

La actividad solar está afectando al geomagnetismo, está provocando una disminución del campo magnético de la Tierra. De todos es sabido que la alteración de los campos magnéticos ha tenido y tiene una influencia clara sobre el comportamiento humano, y que los ciclos lunares, que alteran el campo magnético del planeta, correlacionan con incrementos de conductas socialmente violentas: agresiones, asesinatos, robos, etc. En la actualidad, el campo magnético de la Tierra se ha visto reducido drásticamente según las mediciones de los diferentes centros geológicos, y aunque no hay una clara explicación para el fenómeno, se cree que presenta ciclos naturales de disminución e incremento, e incluso alteraciones de la polaridad. Está documentado científicamente que como consecuencia de estas alteraciones algunas especies migratorias tienen dificultades para ir de un hábitat a otro, por ejemplo.

Los mayas anunciaron como segunda profecía que en este tiempo del no tiempo el comportamiento de los hombres iba a cambiar, y que las conductas se extremarían haciendo que las agresiones y las formas de comportamiento de esencia naturalmente agresiva se incrementarían. Si hay un fenómeno que claramente ha marcado la época desde 1999 es el incremento de la inseguridad mundial debido al terrorismo. El mundo, especialmente el occidental, entró en una clara conciencia de que no habría paz ni seguridad garantizada en ninguna parte. El terrorismo de origen islamista ha escrito un capítulo cruel de la historia reciente, y muchos conflictos armados en Oriente Medio no encuentran una vía de solución clara ni pueden evitar la propagación de sus efectos más perniciosos a otras áreas colindantes de la zona. Ante esto, líderes políticos mundiales iniciaron una cruzada sin precedentes en los tiempos recientes que no ha aportado nada positivo para paliar los efectos desastrosos (muerte, destrucción, crisis económica...), y lo que es más importante, el florecimiento de modelos de pensamiento radicalizados y nada dialogantes que basan sus premisas de funcionamiento en planteamientos fundamentalistas. El hombre de este último tiempo del no tiempo ha tenido como modelos personas que, aun elegidas democráticamente, han liderado formas de abordar el conflicto basadas en creencias falsas, hostilidad, falta de recursos para el diálogo, intolerancia y ninguna predisposición para entender y comprender las verdaderas razones, y, por lo tanto, las verdaderas vías de resolución. Irak es hoy día el lugar más inseguro del mundo, y el mundo es un lugar aún más inseguro de lo que era antes de la invasión de Estados Unidos y las fuerzas aliadas. La radicalización de los conflictos lleva a que las gentes se contagien del miedo, de las formas agresivas de comportamiento y que esta manera brutal de relacionarse con el otro la hagan propia en su vida cotidiana. Se han incrementado las muertes por violencia familiar (especialmente la de género) en todos los países. Rara es la semana que no hay noticia sobre la matanza de estudiantes en algún colegio o universidad, especialmente en Estados Unidos, aunque también en otros países de Occidente. Uno tiene la sensación de que hay poca cordura en el mundo. En Columbine, posiblemente la masacre escolar que se convirtió en un símbolo de todo un fenómeno en Estados Unidos, y que acabaría dando lugar al título de la película documental *Bowling for Columbine*, dos estudiantes armados con un arsenal propio de cualquier soldado en primera línea de fuego asesinaron a 10 estudiantes y un maestro. Corría el día 20 de abril de 1999, justo el año de la entrada en el tiempo del no tiempo anunciado por los mayas. En aquella localidad de Colorado los dos chicos se armaron hasta los dientes y planificaron una masacre habiendo grabado previamente los vídeos de su preparación.

Ese mismo año, Dedrick Owens, de tan sólo seis años, asesinó a una compañera de clase en la escuela primaria con una pistola que había cogido de casa. Éste fue otro hecho que conmocionó al mundo.

El hombre de hoy día se ha convertido en un hombre que se comunica agresivamente, no hay más que ver cómo ha evolucionado la televisión en los últimos años y qué tipo de programas consiguen colarse en las franjas horarias de mayor audiencia, programas en los que el escarnio público, las mentiras, la exposición constante de la privacidad, los gritos, las peleas, los insultos, la perversión y chabacanería son protagonistas absolutos. El hombre agresivo demanda agresividad y su demanda se traduce en contenidos televisivos cada vez menos cultivados y sensacionalistas donde lo más morboso se convierte en lo más deseado. La gente quiere ver cómo otros compiten entre sí, se traicionan y se venden, se ocultan para luego asestar el golpe con mayores opciones de éxito. Han venido a denominarse *reallity shows*, tratando de hacer creer que lo que hacen es llevar la realidad al plató, cuando lo que ocurre es que desde el plató se construye un tipo determinado de realidad.

Sin embargo, la segunda profecía maya, al igual que su mensaje en el que se combina la expectativa del caos con la posibilidad de la esperanza, anuncia que en este tiempo en el que el hombre se radicaliza, surgirán otros líderes capaces de conducir a un nuevo sendero de concordia y armonía los designios de la humanidad. Personas cargadas con una nueva energía que serán capaces de revertir los prejuicios sociales, capaces de desvanecer tabúes, y expandir las miras de la sociedad. Recientemente, en Estados Unidos, que acaba de salir de uno de sus peores períodos, la elección del primer presidente negro abre una nueva luz de esperanza y consolida un cambio impensable en este país tan solo unas décadas atrás. Jamás un líder político había despertado tanta admiración y respeto, casi adoración, y no sólo en el país en el que ha sido elegido presidente, sino en la mayor parte del mundo. Las expectativas de cambio que ha despertado demuestran que tras este hombre agresivo, miedoso y nada tolerante de los últimos tiempos se esconde un hombre necesitado de encontrar un camino hacia la armonía, hacia la estabilidad, que quiere basar su manera de relacionarse con los otros en la cooperación, el consenso, la escucha, la tolerancia, el respeto por lo diferente. Los prejuicios creen poner a salvo a quienes los sufren, pero en realidad son una soga que cada vez se hace más estrecha y que ahogan a quien no sabe desprenderse de ellos.

## Profecía 3: El aumento de la temperatura de la Tierra

Una ola de calor aumentará la temperatura del planeta. Esta predicción tan concisa se ajusta perfectamente a lo que está ocurriendo en el planeta en las últimas décadas. Que la temperatura media del planeta esté en torno a los 15 ºC se debe a que la atmósfera presenta una composición de gases (dióxido de carbono, metano, óxidos de nitrógeno, ozono, y otros) conjuntamente con vapor de agua que hace que los rayos solares aumenten su temperatura hasta niveles óptimos donde la vida y su desarrollo es posible. Sin la atmósfera, la temperatura media del planeta se situaría a niveles bajo cero que imposibilitarían la vida tal como la conocemos actualmente. Si la concentración de los gases de la atmósfera aumenta, la temperatura media del planeta lo hace también con consecuencias que alteran el equilibrio natural del hábitat. Este aumento de la temperatura media como consecuencia del incremento de la concentración de los gases que normalmente componen la atmósfera se conoce como *efecto invernadero*.

No hay duda de la correlación directa y significativa entre el aumento de los gases de efecto invernadero y el aumento de la temperatura. Los principales factores asociados al incremento de los gases de efecto invernadero son: la actividad industrial, la contaminación procedente de los medios de transporte basados en la combustión de hidrocarburos, la deforestación o destrucción de los pulmones planetarios, pues las plantas son las únicas capaces de consumir dióxido de carbono y transformarlo en oxígeno; también el aumento de la población, que lleva indefectiblemente a tener que producir más, y por lo tanto a contaminar más. Una manera sencilla de entenderlo es pensar en una persona que realiza alguna actividad. Si una persona está quieta en la calle, no notará que su temperatura corporal aumenta; ésta se incrementará si empieza a caminar y si lo hace por largo rato. Si en vez de caminar, empieza a correr, su tasa de actividad la llevará a sentir calor. Para combatir el calor y bajar la temperatura corporal, el organismo empezará a sudar, como mecanismo para reducir la temperatura. Si la persona, en vez de estar en un espacio abierto, está en un espacio cerrado, será aún más difícil bajar la temperatura y, si además en ese espacio cerrado se aumenta el número de personas que realizan actividad, el calor resultante acabará caldeando el ambiente de manera tal que llegará un momento que se hará insufrible. En el mundo cada vez somos más, y haciendo más cosas, pues la tasa de actividad y consumo de cada persona se ha multiplicado en las últimas décadas así como el número de personas con tasas de actividad alta. Este planeta nuestro es limitado, cada vez somos más y no paramos de producir y consumir. Si no se replantea la manera en la que explotamos sus recursos, el fin de los días estará próximo.

Pero hay otro elemento que sin duda acompaña el incremento de la temperatura de la Tierra: la actividad del Sol. Tal como se ha visto, el astro rey presenta también un incremento de su actividad que se constata a través de las manchas solares. Se ha demostrado que existe una clara relación entre el número observable de manchas solares y el aumento de la temperatura en el planeta; es un fenómeno que ha sido estudiado y constatado por diferentes investigaciones. Se sabe que una tormenta solar ocurrirá alrededor de 2012, ¿acaso será el 22 de diciembre? En caso de tormenta solar las consecuencias y efectos que podrían producirse en la Tierra serían: aumento de las auroras boreales y su constatación en latitudes impensables, alteración de los sistemas de navegación intrínsecos a algunas especies de aves, ballenas y otros peces y cetáceos, fallos en los satélites (ya que se producirían problemas en la transmisión de información por la acumulación de cargas eléctricas en su superficie), lo que llevaría indefectiblemente a alteraciones en los sistemas basados en la tecnología GPS (Global Position System). El suministro de fluido eléctrico se vería seriamente afectado o incluso cortado, y debido a las ondas sonoras provenientes de la tormenta solar, los radares dejarían de funcionar, o lo harían erróneamente. Las hondas hertzianas que posibilitan que escuchemos la radio, o las ondas electromagnéticas que llegan para convertirse en imágenes en nuestra televisión, o las microondas a partir de las cuales hablamos por los teléfonos móviles, no podrían propagarse en un medio tan hostil y dejarían de funcionar con el consiguiente caos que eso podría generar. La década de los noventa (los años 1998, 99 y 2000 fueron los más calurosos) es en la que se ha producido un mayor aumento de la temperatura media y sigue en aumento. Los científicos pronostican que como consecuencia del incremento de la temperatura global en el planeta, para el año 2050 podrían haberse perdido nada más y nada menos que el 25 % de todas las especies que hoy día habitan en la Tierra, y que el aumento del nivel del mar anegará territorios que hoy día son zonas habitadas.

Los mayas sabían que la actividad del sol es determinante para el correcto funcionamiento del planeta y que cualquier variación en éste afectará inexcusablemente a todo lo que ocurra en la Tierra. Sus estudios sobre astronomía les llevaron a elaborar teorías sobre el origen de la Tierra y del hombre en ella, concibiendo el tiempo de una manera amplia, extensa y claramente cíclica, donde la Tierra no era más que un elemento en un gran sistema con leyes propias y ciclos que hacen que toda la eternidad esté sujeta a períodos de inicio y finalización, de apertura y cierre. Para establecer sus cálculos sobre las manchas solares y la correlación existente entre éstas y el aumento de la temperatura, los mayas se basaron en el ciclo de Venus, un planeta fácilmente observable desde la Tierra y concluyeron, dejando constancia de ello en el famoso y ya mencionado Código de Dresde, que cada 117 giros de Venus el sol sufre fuertes alteraciones, aparecen enormes manchas o erupciones de viento solar.

Con todo, afirmaron que es importante que el hombre alcance cuotas de armonía y sincronización con el entorno en el que vive que le permitan desarrollarse en crecimiento con el hábitat que ocupa. Supieron adelantarse a su tiempo y predecir que la actividad del hombre y su relación con el planeta no lo llevarían más que a un camino de autodestrucción. No somos demasiado conscientes de las consecuencias que tiene el no desarrollar una cultura del cuidado, con patrones de comportamiento y consumo sostenibles basados en una atención especial sobre las fuentes y sobre los recursos. El planeta necesita que el hombre empiece a reconsiderar su manera de estar en él, de producir en él y de consumir en él. De lo contrario, las consecuencias serán desastrosas y lo serán en poco tiempo, pues ya han empezado a producirse. Hasta la fecha, la vida en el planeta no se ha puesto en jaque, pese a que de vez en cuando, lugares concretos del planeta sufran grandes calamidades que acaban con la vida de cientos, de miles, o de cientos de miles de personas: escasez de agua (ya que se producen largas temporadas en las que no llueve, haciendo que las reservas de abastecimiento alcancen mínimos y la agricultura se vea directamente perjudicada), incendios (pues el aumento de la temperatura media aumenta también la probabilidad de incendios de las zonas boscosas y dificulta su extinción, contribuyendo así a la destrucción de las plantas, como ya se ha dicho, tan necesarias para transformar el dióxido de carbono excedente en la atmósfera); y, por si fuera poco, las inundaciones son cada vez más frecuentes porque la temperatura elevada del planeta provoca el calentamiento de las aguas de los océanos, haciendo que se aumente la concentración de vapor de agua que acaba precipitándose de manera caudalosa en forma de tormentas u otros fenómenos de mayor poder destructivo (huracanes y ciclones) especialmente cuando entran en contacto con aguas especialmente cálidas.

De lo que no hay duda es que la temperatura del planeta no deja de incrementarse, como tampoco la tasa de actividad del hombre. Tampoco hay duda desde diferentes ámbitos científicos de que estamos ante un nuevo ciclo del Sol que acaba de salir de un mínimo de actividad y de que está entrando en una fase de crecimiento de actividad que culminará alrededor de 2012 con una más que probable tormenta solar que, si alcanza los peores pronósticos, conllevará la peor tormenta solar registrada hasta la fecha. Y sobre lo que tampoco hay duda es que los mayas ya predijeron esto y que mucho de lo que nos dejaron escrito hay que tomarlo como una oportunidad para crear el nuevo tiempo en el que el hombre entrará, hay que brindarse a la oportunidad de regenerar la conciencia de este viejo hombre para la creación de un hombre más puro y en mayor sintonía con todo lo que le rodea.

## Profecía 4: El derretimiento de los polos

Seguramente es algo difícil pensar cuándo y cómo empezó todo. El hombre, desde sus inicios, ha tratado siempre de mejorar y evolucionar para tener una mejor calidad de vida. Elaborar herramientas y poder tener una vida más confortable han ido de la mano desde el inicio de los tiempos. Un cambio radical en la historia de la humanidad fue el descubrimiento del fuego, unos 500.000 años atrás, seguramente como consecuencia de algún incendio fortuito. Pasó mucho tiempo hasta que el hombre empezó a controlar y a manejar el fuego a su voluntad; cuando lo hizo, hará unos 10.000 años, el hombre pasó a controlar un recurso que le abría las puertas a una infinitud de posibilidades. No sería hasta muchos siglos después, en nuestra reciente historia, concretamente en el siglo XVIII cuando comenzaría lo que hoy es una cruda y desastrosa realidad. Se inventó por esa época la máquina de vapor, y con ello llegó la llamada primera revolución industrial, una máquina que funcionaba por combustión de carbón vegetal, y que no tardó mucho en encontrar aplicaciones a diferentes sectores productivos y al transporte. Ahí empezó la historia de volcar a la atmósfera toneladas diarias de $CO_2$, o sea, de dióxido de carbono, y de alterar, por consiguiente, la concentración de gases que permiten retener la energía calórica procedente del sol.

Pocos se habían planteado, ni se plantearían en mucho tiempo, que los océanos y los mares podrían subir su nivel y acabar con parte del litoral de muchas zonas pobladas del planeta. Los mayas predijeron el calentamiento del planeta y, con él, el derretimiento de los polos que haría incrementar el nivel de los océanos.

Existen voces discordantes con respecto a la responsabilidad de la emisión de gases de efecto invernadero en el incremento de la temperatura media del planeta. Y aunque nadie puede negar la evolución natural climática de la Tierra, el discurso se vuelve algo frívolo si no se quiere reconocer que las variaciones térmicas que han ocurrido en los últimos años, es decir, muy deprisa en términos geológicos, no pueden ser atribuidas más que a las nefastas consecuencias de emitir constantemente y durante muchos años toneladas y toneladas de dióxido de carbono a la atmósfera.

En la actualidad hay consenso en aceptar que el volumen de los glaciares se verá reducido en un 60 % para el año 2050. En el último siglo, la subida del nivel del mar ha sido de unos 20 cm. Sin embargo, de manera alarmante, las últimas estimaciones de la NASA prevén que podría alcanzar, de seguir con los peores registros de emisiones de gases invernaderos, los 1,40 metros para el año 2100; es decir, el doble de lo que se había estimado hasta el momento y unas siete veces más de lo alcanzado en el siglo anterior. Un estudio reciente publicado en la revista *Science* («A Semi-Empirical Approach to Projecting Future Sea-Level Rise-Stefan Rahmstorf») así lo pone de manifiesto. Está claro que ese incremento amenaza con inundar no solamente zonas costeras de poca altitud, sino que ciudades como Nueva York o Londres podrían estar claramente en peligro. Y no solamente por el deshielo de las zonas árticas, sino porque el aumento de la temperatura global del planeta hace aumentar también el volumen del agua de los océanos al verse incrementada su temperatura media.

Las consecuencias de este incremento previsto sobre la Tierra y sobre la humanidad serán, sin lugar a dudas, devastadoras. La unión del mar y la tierra en el litoral (se calcula que en la actualidad hay un millón de kilómetros de litoral en todo el mundo) es una zona de alto valor ecológico en términos de fauna y flora, pues los arrecifes naturales, las playas de arenas, los acantilados, las rocas, las dunas, los estuarios, así como las lagunas costeras, los deltas, las planicies costeras y las zonas pantanosas estarían claramente en peligro si se cumpliesen las peores previsiones. Hay que pensar que toda la riqueza del litoral del planeta es fruto de la evolución geológica de millones de años y que su evolución es lenta en función de factores ambientales. Un incremento rápido del nivel del mar llevaría sin lugar a dudas a un deterioro de todo el litoral, de su riqueza biológica y ambiental, con inimaginables consecuencias.

No pueden dejar de considerarse, por otro lado, los importantes perjuicios que un incremento acelerado del nivel del mar tendrían sobre la economía e incluso sobre el empleo de las diferentes zonas afectadas. Las tierras anegadas dejarían de ser fuente de cultivo y sustento para muchos pueblos, y dejarían de presentar condiciones mínimas para el asentamiento, por lo que sus gentes se verían obligadas a trasladarse a las zonas menos afectadas; teniendo en cuenta que los movimientos migratorios que se generarían supondrían un importante volumen de desplazados a zonas que tendrían serias dificultades para acogerlos. Hay que pensar que con un incremento de un metro del nivel del mar, aumentarían también los cataclismos naturales y se estima que la población afectada por inundaciones aumentaría un 50 %.

No hay que olvidar que, muy ligado a los problemas relacionados con las migraciones de población, existirían graves problemas relacionados con la economía ya que solamente las economías muy fuertes podrían hacer frente de manera solvente a los problemas derivados de una elevación de un metro del nivel del mar. En la actualidad unos 200 millones de personas en todo el mundo viven por debajo del nivel del mar, por lo que su subsistencia se vería seriamente afectada. Habría países cuyo esfuerzo por adaptarse a la nueva situación los llevaría directamente a afrontar costos por encima del doble de su producto interior bruto. Si a todo esto se le añade la nada despreciable estimación de un incremento en frecuencia y severidad en fenómenos climatológicos extremos, el panorama que se presenta es aterrador, especialmente para muchas zonas del Caribe.

Ante este cúmulo de previsiones que los mayas ya anticiparon como algo inevitable para la humanidad de nuestros días, cabe preguntarse: ¿qué se puede hacer? Los mayas nos dejaron sus profecías para poder tomar precauciones, para cambiar el rumbo de nuestras vidas con un nuevo compromiso que permita evolucionar hacia la paz con el entorno. El hombre está en el momento en el que todavía el cambio es posible, un cambio que debería pasar por una toma de conciencia clara con respecto a que, si hemos conseguido llevar al planeta a un estado de vulnerabilidad tan grande, es posible que un cambio en el comportamiento de las personas pueda frenar, si no detener completamente, el abismo hacia el que se dirige nuestro estimado mundo. El reto de las acciones políticas pasa indefectiblemente por plantear modelos de crecimiento demográfico y urbanístico sostenibles, y en consonancia con el medio, así como con los posibles efectos que un más que probable incremento de los niveles medios de nuestras aguas tendría. Hoy en día, todavía no existe un mapa de riesgo en el que queden reflejadas claramente las zonas que mayor afectación tendrían en caso de un incremento rápido y considerable del nivel del mar.

Los mayas dejaron su mensaje, las soluciones las tenemos en nuestras manos: ¿a qué esperamos?

## Profecía 5: La nueva armonía de la realidad

*Todos los sistemas basados en el miedo, todos los sistemas sobre los que se fundamenta nuestra realidad, se transformarán conjuntamente con el planeta y el hombre para dar lugar a una nueva realidad de armonía.* Ésta es la quinta profecía maya y su enunciación podría parecer a primera vista falta de contenido o traducción directa. ¿Qué quiere decir que todos los sistemas basados en el miedo se transformarán? ¿A qué nueva realidad se referían los mayas y qué quiere decir que esta nueva realidad vaya a ser más armónica? Estas preguntas tienen su respuesta si uno mira con cierto detenimiento a cómo está, y de qué está hecho el mundo. Todo nos parece normal y razonable. Uno se levanta por la mañana y mira en Internet su cuenta bancaria y allí aparece que tiene un saldo determinado. Creemos que porque allí aparecen unos numeritos uno tiene un dinero, y lo peor (aunque nos parezca lo mejor) es que pensamos que el dinero existe. Pues bien, el dinero no existe. La afirmación puede parecer muy rotunda pero en realidad el dinero no existe, no es más que una mera convención de los hombres para poder intercambiar bienes y servicios, que son los que en realidad existen. El dinero fue en su momento un metal, monedas de metales preciosos y ha llegado a ser una secuencia de dígitos en una terminal de ordenador. El gran problema del dinero es que, como un cáncer maligno, es capaz de multiplicarse por sí mismo, el dinero hace dinero, se suele decir, y así, el dinero ha llegado a tener un estatus en nuestra sociedad que es capaz de cambiar la buena intención de cualquiera. El dinero significa poder, significa privilegios, significa ostentación. El poder acarrea siempre miedo, el miedo que se inflige a quienes están por debajo, y el miedo también a perderlo, pues siempre habrá alguien que recordará que no fuimos lo suficientemente generosos cuando tuvimos el poder, o que en algo pudimos haber ayudado y no lo hicimos. El poder es una moneda de doble cara en la que el miedo subyace como contrapartida natural a la potestad de poder tomar decisiones. Significa privilegios, y también el miedo a perderlos. El sistema capitalista está organizado de manera que la acumulación de dinero supone una garantía de supervivencia, pero uno debería saber que todo está construido sobre una convención altamente inestable y que ésta puede resquebrajarse.

No hay que irse muy lejos para encontrar casos en los que el dinero simplemente desapareció, o eso es lo que les parecía a los que aporreando cacerolas hacían sonar sus protestas a golpe de cucharón para recuperar los ahorros de toda una vida. El bien (o mal) llamado «corralito» dio la vuelta al mundo como una exhalación mostrando a los argentinos a las puertas de la desesperación al comprobar que los bancos en los que habían confiado sus ahorros no respondían (porque no podían responder) a sus solicitudes de reintegro. Hoy en día, cuando el mundo vive sumido en una exhalación contenida porque todo el sistema financiero sobre el que se basa la economía de mercado no caiga y haga que todo se vaya al traste. Los gobiernos de las principales economías mundiales han debido inyectar incontables cantidades de dinero público para evitar la caída del sistema, porque sabían que detrás de eso no hay nada. ¿O sí? Quizá sí haya algo incluso mejor que lo que conocemos en la actualidad y sea necesario el derrumbamiento del sistema para que otro, mejor, menos pernicioso y menos perverso se imponga como alternativa al sistema donde el dinero ya no sirve para obtener bienes o servicios sino (y esa es la parte loca de la idea) simplemente más dinero. El dinero es una ilusión que todos hemos venido a corroborar como cierta, haciendo verdad el dicho que de ilusión también se vive.

El dinero, en realidad, no vale nada. Lo que vale es la fuerza bruta o intelectual del hombre (trabajo), pues esa fuerza bruta o intelectual es la que puede en definitiva transformar el entorno y explotar eficientemente los recursos naturales (que sí tienen un valor) para transformarlos en otros recursos más elaborados a partir de los cuales se pueda seguir obteniendo un bien. Lo que en verdad vale es el agua, y el aire, y la tierra, y los árboles, y también las carreteras, y las casas, y las personas, y todo lo que de cierto sirve o puede ser útil. No son pocos los países (Alemania, Rusia, Chile, y otros) que en algún momento de su historia han caído en procesos económicos hiper-inflacionistas, es decir, procesos económicos en los que la moneda del país ha dejado de tener valor como consecuencia de la pérdida de confianza de los habitantes. En un primer lugar la inflación es un mecanismo que tiene la economía para autorregularse, pero también es cierto que es una importante fuente de financiación de los gobiernos que, ante las necesidades a las que deben dar respuesta, no dudan en generar más dinero circulante sin garantizar un valor que lo respalde. El aumento de dinero en circulación hace aumentar el precio de los bienes y servicios que se consumen, haciendo así que aumente la inflación. Llega un momento en que, para defenderse de la inflación, los bienes aparecen como un valor más seguro que el propio dinero y los individuos tratan a toda costa de adquirir bienes para contrarrestar los efectos de la inflación. Es decir, la gente acaba concluyendo que sale ganando si compra hoy, pues si espera a hacerlo en el futuro el dinero se habrá devaluado y por lo tanto tendrá menos poder de adquisición. O lo que es lo mismo, la unidad monetaria deja de tener valor como depósito a largo plazo y se desploma. De manera resumida, ésta es la forma en la que el dinero puede dejar de ser y de valer (que para el caso es lo mismo) y cuando esto ha ocurrido en algunos países, se ha vuelto a formas rudimentarias de intercambio en las que las tierras, o los cereales, o cualquier otro bien puede hacer las veces de moneda. Cuando esto ocurre en un país en concreto, suele haber posibilidades de regeneración de la economía, lanzando, por ejemplo, una nueva moneda respaldada por bienes. Pero la pregunta es qué sucedería si esto pasara a nivel mundial y todo el sistema capitalista se desplomara desde el punto de vista financiero. La respuesta es que el caos sería absoluto y todo, absolutamente todo, dejaría de funcionar.

La crisis económica sin precedentes que está atravesando el planeta no acaba sino de empezar y es probable que, pese a las valoraciones actuales de haber tocado fondo y de que la recuperación está a la vuelta de la esquina, la realidad depare algo bastante alejado de esta realidad. ¿Acaso creen los líderes mundiales que éste ha sido únicamente un pequeño resfriado en la maltrecha salud del sistema financiero? Si no hay una clara conciencia de que las economías del mundo, cada vez más y más intensamente interconectadas deben replantarse sus principios operativos, cuando la sacudida financiera no sea simplemente un temblor que impregne de miedo los parqués internacionales, el desplome será tan fuerte que habrá que poner mucho ingenio encima de la mesa para restablecer lo perdido. La economía ha dado señales de que tiene importantes agujeros de seguridad, y de que es fácil que el sistema pueda resquebrajarse.

La manera en que nos relacionamos desde el punto de vista del intercambio ha de generar nuevas soluciones en las que la transacción no esté sujeta a la perversa concepción de que la palabra tiene más valor que lo que denota, pues puede llegar un momento en que las palabras sólo denoten palabras y, así, todo acabe careciendo de sentido.

El sistema económico mundial se basa en principios que actualmente están viéndose superados por los procesos de degradación en los que ha caído. Pensar que el hombre va a ser incapaz de desarrollar un sistema que permita un orden en el intercambio de bienes y servicios y que a la vez tenga en cuenta que el sistema sea sostenible y ecológico desde el punto de vista de la distribución social de la riqueza es subestimar todos los procesos de evolución y cambio que se han producido desde la prehistoria hasta nuestros días. Nuevas tendencias en economía ponen sobre la mesa conceptos innovadores en los que el objetivo último no es hacer más dinero (pues eso supone hacer nada de la nada) sino sustentar el intercambio de manera sostenible y donde crear riqueza no sea inflar una mera convención. La superación del hombre, de este superhombre de la tecnología y de la era de las comunicaciones pasará por encontrar un sistema que supere el actual sistema capitalista, donde lo importante no sea el capital sino el valor que lo sustenta.

## Profecía 6: La amenaza del cometa

El Sol, los planetas, los satélites, los cometas y los asteroides son los diferentes tipos de cuerpos que se hallan en el Sistema Solar. Entre ellos, los asteroides son cuerpos rocosos con órbitas de cierta excentricidad en ocasiones y se conocen más de 40.000 distintos con diámetros superiores a los 800 metros. En su conjunto, forman un anillo alrededor del Sol. Por otro lado, los cometas están formados de polvo o hielo y pedazos de materia. Cuando el hielo se evapora, al calentarse por el Sol, produce un rastro que aparece como una cola que se despliega por el cielo y puede verse desde millones de kilómetros.

La amenaza de que un cometa impacte con la Tierra está presente desde el momento en que los diferentes cuerpos celestes orbitan alrededor del Sol y transitan el espacio haciendo que la probabilidad de colisión no sea nula. La historia de la humanidad ha registrado en diferentes ocasiones la aproximación de diferentes cometas y asteroides que no han llegado a impactar con la superficie terrestre pero cuyas aproximaciones han despertado, especialmente en tiempos pasados, creencias acerca de la influencia que han tenido en acontecimientos especialmente significativos o catastróficos ocurridos en torno a su aproximación. La ciudad de Pompeya pereció sepultada bajo la erupción del Vesubio en el 79 d. C. durante la aproximación, se cree, de un cuerpo estelar, posiblemente un cometa. El más conocido de todos los cometas, seguramente, es el cometa Haley, cuya órbita lo lleva a aproximarse de manera visible a la tierra cada 76 años. En 1910 causó cierto pánico colectivo por la amenaza que se atribuía a su acercamiento y a la composición de su cola, pues se creía que estaba compuesta de un gas venenoso. Mucho antes, en 1456, fue considerado un enviado del diablo. En 1908 la aproximación de un asteroide de unos 50 metros de diámetro explotó antes de entrar en contacto con la superficie de la Tierra y causó la destrucción de varias hectáreas de bosque en la zona de Siberia. En 1999 también un cometa, el denominado Lee, se acercó a la Tierra y fue considerado en su momento una amenaza.

Se calcula que la velocidad media de entrada de un meteorito a la atmósfera de la Tierra estaría en torno a los 20 a 70 kilómetros por segundo. A ese nivel de velocidad, la fricción que se produce al entrar en contacto con la atmósfera hace que el meteorito se convierta en una gran bola de fuego. Se estima que un asteroide de 10 km que entrase a la atmósfera a unos 30 km/s supondría un impacto que generaría un cráter de unos 160 a 180 km de diámetro y sería capaz de provocar terremotos por encima de 8 en la escala de Richter en la mayor parte de la superficie planetaria; no hay que olvidar que la explosión supondría una liberación de energía superior a la bomba de Hiroshima en varios millones de unidades. En el supuesto de que el impacto fuera contra el mar se producirían tsunamis de incalculables consecuencias. En una simulación por computador llevada a cabo por la NASA, se acabó concluyendo que el impacto de un asteroide de tales dimensiones en el Atlántico provocaría la vaporización instantánea de quinientos kilómetros cúbicos de océano, haciendo que el agua cubriese con olas de hasta 60 metros todas las ciudades de la costa, provocando un invierno nuclear que acabaría seguramente con la extinción del hombre.

Con todo, la amenaza de que el asteroide Apophis impacte contra la Tierra en 2029 no es desdeñable, ya que pasará el 13 de abril de ese mismo año a una distancia inferior a la que están colocados la mayoría de los satélites que el hombre ha lanzado al espacio y que cumplen una función primordial en el desarrollo y sostenimiento tecnológico que se ha alcanzado en nuestra era. Nuestro planeta ocupa un lugar concreto dentro del sistema solar y hace un recorrido de traslación alrededor del Sol de algo más de 365 días. Un asteroide de unos 400 metros de diámetro sigue una órbita muy similar con un recorrido de 323 días. Se estima que el asteroide interceptará la órbita de la Tierra en dos ocasiones, y no es imposible que en 2029 primero, y en 2036 después, se acerque lo suficiente a la Tierra como para que por un pequeño error de cálculo o por un pequeño desvío de su órbita habitual acabe impactando contra la superficie del planeta. El objeto está identificado y la NASA está elaborando un plan estratégico con la intención de destruirlo (si fuera posible hacerlo sin provocar daños peores) o desviarlo de su órbita (que parece la opción de mayor consenso), con tal de anular cualquier posibilidad de impacto. La mayoría de los asteroides se encuentran en órbitas relativamente estables entre Marte y Júpiter, funcionan como pequeños planetas que giran alrededor del sol, en una zona llamada «cinturón de asteroides».

La sexta profecía maya es clara en este sentido y dice que *un cometa pondrá en peligro la existencia del hombre.* Ya es de todos conocido que los mayas fueron grandes observadores del cielo, y que en sus noches límpidas pudieron observar un cielo completamente estrellado, hacer anotaciones de lo que veían y elaborar cálculos para elaborar predicciones con las que refutar o confirmar su conocimiento. Por ese motivo, construyeron observatorios dedicados a estudiar el firmamento. Llegaron a predecir con tremenda exactitud en sus precisos calendarios fenómenos con una precisión absoluta, como el eclipse total de sol de agosto del 99 y el alineamiento galáctico de esa fecha conocido como la cruz galáctica. No hay nadie que dude de la precisión de su conocimiento y de las grandes aportaciones que hicieron, especialmente meritorias si se tiene en cuenta que no contaban con desarrollo tecnológico avanzado.

También la Biblia (Apocalipsis 8, 10-11) habla de la posibilidad de que un cuerpo estelar impacte contra la Tierra:

> *El nombre de la estrella es Ajenjo. La tercera parte de las aguas se convirtió en ajenjo y muchos hombres murieron a causa de esas aguas, porque se volvieron amargas.*

*El tercer ángel tocó la trompeta, y cayó del cielo una gran estrella ardiendo como una antorcha. Cayó sobre la tercera parte de los ríos y sobre las fuentes de las aguas.*

Los mayas consideraban los cometas como catalizadores de cambio, elementos estelares capaces de poner en movimiento el equilibrio y propiciar evoluciones hacia estados de conciencia colectiva superiores. De esta forma, concebían el hecho de que el hombre tenga que enfrentarse de manera sistemática a situaciones que lo desborden y le exijan la reelaboración de sus planteamientos de vida y de relación con el entorno, pues concebían la amenaza como una oportunidad para el crecimiento, incluso ante situaciones que le generasen sufrimiento. Como se ha visto, en esta y en las anteriores profecías, los mayas dejaron escrito un claro mensaje en el que el valor de lo dicho no radica en lo inevitable de las situaciones que han acontecido o habrán de acontecer, sino en la posibilidad que le brindan al hombre moderno de anticiparse a su propio futuro y sentar las bases que le conduzcan a un tiempo donde el bienestar sea posible y sostenible. A la sociedad en su conjunto es a la que impelen a asumir compromisos por encima de los prejuicios y las autolimitaciones que puedan surgir de la idea de concebir un mundo dentro de unos parámetros propios del conocimiento actual. La amenaza de un asteroide es una clara oportunidad para que el hombre no sólo se plantee el esfuerzo técnico de defenderse de una amenaza de consecuencias tan fatales como las que tendría el impacto de un cuerpo de cuatrocientos metros de diámetro contra cualquier parte de la Tierra, sino para que se plantee el reto de buscar sistemas de cooperación global entre los pueblos y sepa asumir el desafío de aunar el conocimiento y la voluntad que le lleven a ser el dueño de su propio futuro. Pues tal como decía Aristóteles, no hay nadie más poderoso que quien puede decidir sobre lo que le va a ocurrir.

Será de importancia vital que los diferentes gobiernos extremen sus esfuerzos para elaborar sistemas de detección de posibles asteroides o cuerpos celestes que puedan entrar en la órbita de la Tierra y, por lo tanto, plantear la posibilidad de un hipotético impacto. El proyecto «Don Quijote», desarrollado por la Agencia Espacial Europea, es un proyecto específicamente pensado para, mediante dos satélites, «Hidalgo» y «Sancho», detectar y desviar las órbitas de los asteroides cuando éstos presenten riesgo de impacto contra la Tierra.

En cualquier caso, está claro que el hombre habrá de enfrentarse a importantes desafíos y que el camino de competitividad y de falta de alianza entre los pueblos no ayudará a establecer mecanismos y sistemas de defensa del planeta ante amenazas que no son concebibles en la reciente historia de la humanidad pero sí en la historia del tiempo y, antes o después, si el hombre quiere seguir habitando este lugar único en el universo habrá de reconsiderar su posición en él, con él, y con los que habitamos en él.

## Profecía 7: La era del cambio o el amanecer de la galaxia

Al final del 2012, después de 13 años de consolidación de una nueva forma de organización y desarrollo de una nueva conciencia iniciada en 1999, el hombre, conjuntamente con el sistema solar, entrará en el amanecer de la galaxia, dando paso a una nueva era donde su presencia en el planeta habrá que entenderla como la de un único organismo colectivo, dotado de una conciencia global que vibrará en niveles superiores de frecuencia y que le permitirá un desarrollo armónico y sostenido acorde con las resonancias naturales del universo. La energía lumínica emitida por el centro de la galaxia habrá tenido una duración de veinte años, desde 1992 a 2012, habiendo sincronizado todos los seres vivos de la Tierra, configurándolos en un todo superior capaz de caminar hacia un nuevo estado y con una inercia propia capaz de solventar cualquier dificultad. El mundo habrá de ser un lugar donde no haya cabida para la pobreza y donde la comunicación entre los congéneres estará basada en la transparencia y la honestidad, la relación estará basada en la cooperación conjunta y en el desarrollo de la creatividad para la búsqueda de soluciones, la motivación estará orientada hacia el amor y la fraternidad; y no se entenderá el mundo si no es en un nuevo orden capaz de dar respuesta a las necesidades espirituales del hombre.

No es de extrañar que millones de fieles se acojan bajo las diferentes doctrinas religiosas que imperan en el mundo, pues las necesidades espirituales del hombre no han encontrado la manera de satisfacerse si no es a través de las diferentes prácticas devotas. La mayoría de religiones, normalmente las más influyentes en la sociedad y las que mayores seguidores arrastran, conciben la vida en la tierra como determinante para los hombres, pues de su comportamiento obtendrán éstos un balance positivo o negativo para su salvación o condena. Es hasta cierto punto normal que el hombre sienta de manera injusta y tiránica este hecho, pues no se parte de la misma posición a la hora de hacer méritos ya que el nacimiento coloca a las personas en la riqueza o la pobreza, en la salud o en la enfermedad, de una manera azarosa, haciendo emerger así la tiranía del mismo dios al que adoraban. Desde esta perspectiva, no hay más opción que doblegarse ante el adoctrinamiento religioso y comportarse obedientemente bajo sus preceptos si se quiere alcanzar la salvación. No obstante, hay que reconocer que salvarse es algo que quiere todo el mundo, incluso aquellos que no profesan creencia ni sentimiento religioso alguno, pues detrás del concepto de salvación se esconde el verdadero deseo del hombre: el de poder vivir en paz y sentir que el transcurso de la vida no es un recorrido estéril que no presenta mayor recompensa que la perpetuación de la especie a través de su descendencia.

El hombre está necesitado de una verdadera transformación interna, una auténtica revolución interior que le lleve a un estado vivencial de mayor resonancia con la vibración propia de la galaxia. Esta transformación ocurrirá después de diciembre del 2012, pues el hombre aprovechará la gran energía procedente del centro de la galaxia una vez se haya sincronizado con el universo. Es una oportunidad única que ocurre cada 5.125 años, una puerta abierta a la comunión con las leyes naturales del cosmos, una vía de acceso para la creación de un mundo donde el sufrimiento no sea necesariamente la vía para el crecimiento y el acceso consciente que transporte al hombre a un estado superior. Esta transformación interna será la responsable de la creación de nuevas realidades, pues tal como se está teorizando en la actualidad en los planteamientos más avanzados de la física cuántica, la conciencia con la que se aproxima uno al mundo lo modifica y lo crea. Si el hombre es capaz de entrar en un nuevo estado de conciencia, será capaz de crear un mundo distinto, donde nuevas realidades más armónicas sean posibles y donde el crecimiento personal permita llevar al hombre desde las emociones que nacen de una sincronización de baja frecuencia (como la ira, el miedo, la rabia, la envidia, etcétera) a emociones que nacen y apuntan cada vez más a frecuencias más altas, como el amor.

El escéptico creerá que nada de esto es posible, pues desde un estado de conciencia sin apertura suficiente y no sintonizado será difícil captar que un estado superior es posible. Algunos líderes espirituales y algunas prácticas meditativas son capaces de crear estados de conciencia de mayor amplitud y frecuencias más altas, pero eso que hasta la fecha ha estado reservado a unos pocos se irá ampliando al conjunto de los hombres para crear, al final, una conciencia colectiva donde todo el pensamiento estará interconectado. Hay quien creerá imposible que el hombre que ha de llegar podrá leer el pensamiento de sus semejantes, del mismo modo que al hombre de la edad media le resultaría imposible creer que las personas podríamos comunicarnos a través de teléfonos móviles de un continente a otro. El pensamiento está codificado igual que está codificada la voz, responde a leyes y no puede darse pensamiento sin energía subyacente. Si un teléfono es capaz de convertir a números una secuencia de variaciones de presión (como lo son las ondas sonoras que emite la voz) y enviar esa secuencia numérica a través de microondas (que es como se comunican los teléfonos móviles), si el hombre, a través de la tecnología, ha sido capaz de desarrollar sistemas de transformación de la energía suficientemente elaborados hasta la fecha, ¿qué no podrá hacer en el futuro si es capaz de entrar en un estado de conciencia nuevo donde el conocimiento se comparta y en el que se trabaje conjuntamente para el bien de la humanidad? No hay límites para el hombre que pretende evolucionar hacia un estado superior, no hay límites para el crecimiento social ni para el desarrollo de nuevas formas de pensamiento más armonizadas con la verdadera naturaleza (que aún hoy se nos antoja mágica) del universo. El hombre de hoy se ha beneficiado de una descarga de energía que lo impele al crecimiento, al cambio y a la creación de un estado de conciencia de tal amplitud y saber cuyos límites no pueden concebirse.

Si esto es posible, habrá que pensar en un hombre capaz de comunicarse con los demás a un nivel de profundidad tal que, tal como predijeron los antiguos mayas, la humanidad entera estará conectada entre sí de manera constante. ¿No es acaso Internet una manera de concebir la conciencia global donde todo el pensamiento está interconectado para que no haya límites ni fronteras al conocimiento y al saber? ¿No es cierto que la red de redes ha cambiado la forma en la que nos relacionamos, la forma en que nos vemos, y ha conseguido crear conocimientos en las conciencias individuales que no habrían sido posibles sin esta interconexión técnica de las terminales de ordenador? ¿No será acaso la red de redes el preludio de todo lo que está por llegar? Nadie, hace tan sólo 25 años, podía imaginar como algo cierto, el inabarcable mundo que se ha generado con Internet. El hombre está necesitando de pequeños apoyos tecnológicos como necesita el niño pequeñas ayudas al aprender a caminar. Pero el tiempo del cosmos aguarda un devenir repleto de oportunidades en las que los seres serán protagonistas de sus vidas, eligiendo los caminos que quieren seguir sin ataduras ni emociones de baja frecuencia que limitan las opciones y encierran a las personas en incapacidad para la acción. La superación constante estará del lado de aquellos que quieran unirse a una nueva forma de estar en la vida.

Los antiguos mayas se saludaban diciéndose: «Yo soy otro tú» (IN LAK'ECH), y se contestaban: «Tú eres otro yo» (HALA KEN); esta indistinción de las identidades pone de manifiesto la idea subyacente de que un mundo en el que exista una conciencia individual capaz de armonizarse con una conciencia global orientada a la búsqueda de la serenidad y paz es posible. La séptima profecía maya nos abre los ojos ante una oportunidad única en el tiempo de nuestra era, una puerta hacia el bienestar de la humanidad.

# 5 | Señales inequívocas

Las profecías de los antiguos mayas comprenden predicciones de difícil comprobación, tales como la séptima, que pronosticaba el advenimiento de una era en la que reinarían la paz y la armonía en todo el conjunto de la humanidad, circunstancia ésta que, por el momento, no se ve en un futuro inmediato, porque, muy por el contrario, los conflictos armados, las luchas tribales, partidistas o económicas se extienden por toda la faz de la Tierra. Sin embargo, gran parte de los hechos que profetizaron los sabios de aquella milenaria cultura es posible comprobarlos y hasta cuantificarlos con los medios tecnológicos que hoy existen a la disposición de los hombres de ciencia, aunque muchos de los fenómenos cuyo advenimiento adelantaron, sobre la piedra, los antiguos mayas son constatables a simple vista, están al alcance de cualquier persona, no especialmente cualificada, a través de la sencilla observación de la realidad que nos rodea, así como de la lectura de los periódicos corrientes o la escucha de los informativos radiados o televisados.

Hoy vivimos en un mundo altamente tecnificado e interconectado. Los trabajos de los científicos se hacen públicos con una rapidez casi instantánea, de modo que todo el orbe, gracias a la facilidad de las comunicaciones, los desplazamientos rápidos y las redes telemáticas, semejaría un inmenso laboratorio en el que trabajasen en proyectos similares hombres de ciencia de países, lenguas y formaciones diferentes, pero complementarios. Así, el conocimiento mundial avanza sin cesar, al menos en lo que a la constatación de los fenómenos reales que ocurren en todo el mundo se refiere. Se dispone, como nunca antes en la historia de la humanidad, de mediciones precisas y exactas en las que todo el mundo científico está de acuerdo. Se sabe, sin lugar a dudas, qué porcentaje de la capa de ozono se ha destruido, cuánto han disminuido los hielos polares o lo que ha aumentado la temperatura, sin ir más lejos.

De todo el inmenso conjunto de datos objetivos de que hoy en día disponemos, sin que nadie los discuta, se desprende que las profecías de los antiguos mayas no andaban desencaminadas y que, en todo caso, nos llega a asombrar su precisión y su exacta anticipación de los fenómenos que se están produciendo y que, sin ninguna vacilación, podemos calificar de señales inequívocas del cumplimiento de los milenarios pronósticos mayas.

Si hay una palabra que pueda definir el sentimiento universal que hoy ocupa y preocupa a la humanidad, ésta es «crisis». Si nos atenemos al significado de la palabra, llegamos a la conclusión de que lo que en realidad estamos viviendo es un *proceso de cambio radical*, que existe un viejo orden que se muere y está a punto de nacer otro que lo sustituirá. Este paso, en sí mismo, no tiene por qué ser negativo, sino todo lo contrario; igual que es necesario que la larva muera para dar paso a la fecunda mariposa, los modelos caducos de pobreza, injusticia y explotación deben desaparecer, para que se cumpla la séptima profecía maya que augura una fértil etapa de paz y armonía para toda la humanidad.

La crisis, en general, puede adjetivarse en campos distintos de la actividad humana, aunque conviene no perder de vista que todos ellos están íntimamente interconectados y, así, no se puede entender el expolio de los recursos naturales que sufren algunas áreas del planeta, con independencia del ordenamiento político mundial que lo permite y lo ampara. Con esta salvedad, resaltamos que es toda evidencia que la crisis es muy notable en el consumo de la energía, el mantenimiento ecológico y sostenible del planeta y la distribución de la riqueza y los recursos económicos.

La crisis de la energía es más que evidente, tanto por el aumento del precio de los recursos energéticos, a causa de su escasez, como por el consenso de que su explotación está seriamente limitada y que caminamos, con paso firme, hacia la extinción de todos ellos. La búsqueda de nuevas fuentes de energía, con la poca fortuna que se verá más adelante, así como la ineludible necesidad de administrar mejor los que todavía están a disposición de la humanidad, son la constatación de que se aproxima un cambio de modelo, que muy bien podría ser el que los antiguos mayas anunciaron.

En el terreno de la ecología la crisis es, también, muy visible. Apenas quedan ya espacios vírgenes, cada día desaparecen especies animales y vegetales, la contaminación avanza imparable y provoca enfermedades día a día más difíciles de curar –porque los microorganismos se adaptan a los tratamientos abusivos con antibióticos–, las especies marinas que proporcionan alimento a millones de personas están esquilmadas por la pesca abusiva y la deforestación de las zonas boscosas amenaza con serios riesgos futuros. Mucho tendrá que cambiar la humanidad para que el desprecio de la ecología no se cobre un alto precio en vidas humanas.

Por último, cuando se habla de crisis, inmediatamente se piensa en la economía. No se trata únicamente de los problemas por los que atraviesan las entidades financieras, ni de los cierres empresariales y los despidos masivos de trabajadores que abocan al hambre y a la desesperación a millones de personas, sino que el problema es mucho más hondo y se origina por el erróneo modelo de funcionamiento económico sobre el que se ha basado la humanidad hasta el presente. Ya no es admisible que una cuarta parte del planeta viva en la opulencia mientras que el resto sucumbe en la miseria. La explotación del hombre por el hombre ha llegado a un límite insostenible que, inevitablemente, forzará un cambio de modelo. En eso, también, acertaron los mayas.

Sobre estos tres puntos reseñados –crisis energética, ecológica y económica– centraremos los próximos apartados del presente estudio.

## La crisis energética

### Crisis energética:

Estamos inmersos en una fuerte crisis energética, fundamentalmente por la dependencia del petróleo, un combustible fósil que lleva camino de agotarse, mientras que su demanda, en el mundo, no para de crecer. La absoluta necesidad de los países avanzados de un flujo de suministro constante de crudo, para satisfacer sus crecientes demandas energéticas, proporciona un poder político y económico enorme a los países productores, a los que otorga una gran relevancia política y una determinante influencia sobre la economía mundial. Gran parte de los conflictos armados actuales tienen como razón última, justamente, el control de las fuentes de suministro de petróleo. Esta circunstancia obliga a una búsqueda desesperada de nuevas fuentes de energía, así como a un uso más racional de la que se dispone. El fantasma del desabastecimiento planea como una amenaza seria sobre todo el avance económico mundial. La seguridad energética es una preocupación constante de todos los países desarrollados o en vías de desarrollo, porque, sin un aporte constante de energía, no es posible, en el estado actual de nuestra tecnología, el funcionamiento de la industria, el transporte, ni la actividad económica en general.

El problema se agudiza ante la ineludible necesidad de conjugar la seguridad energética con una adecuada protección del planeta. La emisión a la atmósfera de $CO_2$, con el consiguiente aumento del efecto invernadero, que contribuye al calentamiento global y a una amplia secuela de perjuicios no deseados, es una consecuencia ligada a la combustión del petróleo y de sus derivados. Sucesivos acuerdos internacionales, como el Protocolo de Kyoto, han tratado de reducir estos efectos negativos mediante limitaciones que, es obligado reconocer, no se han cumplido. El choque entre la insaciable sed de petróleo en todos los países y la disminución de su producción empuja al alza el precio del crudo, a la vez que impulsa la investigación en busca de otras fuentes de energía más asequibles, más limpias y, a poder ser, inextinguibles.

Estados Unidos y Canadá son los mayores consumidores mundiales de energía, pues, aunque sólo representan el cinco por ciento de la población mundial consumen el treinta por ciento de toda la energía primaria disponible. El consumo de energía se relaciona con el desarrollo de los países. Se calcula que, antes de la revolución industrial, un consumo de cien vatios al día (el equivalente al consumo de una bombilla) era suficiente para cada ciudadano. En la actualidad, el consumo medio se sitúa en dos mil doscientos vatios, pero las diferencias entre los países son enormes, sin que, necesariamente, este aumento de consumo garantice un nivel de vida más confortable o de mayor calidad. Mientras que en Estados Unidos el consumo por habitante se sitúa en los doce mil quinientos vatios, en Europa, con sólo cuatro mil seiscientos vatios por persona, los niveles de desarrollo y calidad de vida son similares.

Los combustibles fósiles (carbón, petróleo y gas natural) son las fuentes de energía más utilizadas en la actualidad. Su aprovechamiento no requiere de complicadas tecnologías. La combustión de sus hidrocarburos es una reacción química que produce calor (exotérmica) al combinarse con el oxígeno. El calor y la luz que desprenden son aprovechables, tanto en procesos industriales como en utilidades domésticas. Por desgracia, también emiten dióxido y monóxido de carbono, los principales causantes del efecto invernadero y el calentamiento global.

El petróleo no se utiliza únicamente como combustible, sino que también se necesita para la fabricación de plásticos, cuya extensión de uso no es necesario recordar, así como otros muchos artículos industriales, componentes electrónicos e incluso fertilizantes para la agricultura. En las últimas décadas la inversión energética, precisamente en la agricultura, se ha multiplicado por ciento veinte. A cambio, el rendimiento de las cosechas aumentó sólo unas noventa veces. Todas estas utilidades eran muy rentables unas décadas atrás, cuando el petróleo era una materia prima fácil de obtener y de precio muy económico. Ambas características han dejado de existir en nuestros días. Como veremos, hoy el petróleo ni es barato, ni su obtención es sencilla.

La extracción de petróleo ha superado su punto máximo de producción. En el año 1956, el geólogo M. King Hubbert, basándose en previsiones estadísticas, predijo que Estados Unidos alcanzaría su cénit de producción petrolera trece años más tarde, en 1969. Su cálculo erró en un año, pues fue el año siguiente, 1970, cuando el país americano alcanzó el máximo nivel de extracción de crudo, y desde entonces su producción no ha cesado de disminuir. El mismo Hubbert predijo que el cénit de producción petrolera en Oriente Medio se alcanzaría en el año 2010, dependiendo de la tasa de crecimiento de la demanda china.

Estas previsiones se basan en el hecho de que ya no se han encontrado nuevos campos gigantes de obtención de crudo (bolsas con más de quinientos millones de barriles). El mayor de todos ellos se descubrió en el año 1965 y, desde el año 2003, no se ha descubierto ninguno nuevo. El petróleo obtenido en los yacimientos nuevos es, cada vez, más pesado. Es decir, se encuentra en arenas asfálticas y contiene una alta proporción de azufre. Este crudo requiere un mayor gasto energético para su refinado, razón por la cual, en ocasiones, se desprecia la explotación del yacimiento. Las arenas asfálticas contienen una Tasa de Retorno Energético (factor TRE) de uno a cuatro. Se necesita un barril de energía para obtener cuatro. En los antiguos grandes yacimientos petrolíferos, que se encontraban en rocas muy porosas, la extracción era mucho más sencilla, tanto que se les denominaba bolsas. Su calidad, también, era muy superior. Su factor TRE era de uno a cien (con un solo barril de energía se obtenían cien).

Los problemas enunciados en la utilización del petróleo como fuente de energía han puesto en valor otros combustibles, con los que se trata de superar estas dificultades. Sin embargo, no aparece en el horizonte inmediato ningún sustituto que pueda satisfacer las crecientes demandas, tanto de los países desarrollados como de la emergente India, China y el conjunto de las naciones americanas y de África.

En primer lugar, destaca el uso del gas natural, que representa el veintidós por ciento del consumo energético. Sin embargo, participa de parecidos problemas a los que acarrea el uso del petróleo. Son contados los países que cuentan con yacimientos explotables y estas naciones aprovechan la fuerza política que les proporciona el suministro de gas (recuérdese, por ejemplo, el conflicto entre Rusia y Ucrania). El transporte del gas obliga a unas costosas instalaciones (gasoductos) que deben superar todo tipo de obstáculos (no sólo los geográficos, también los diplomáticos) y son, al mismo tiempo, un objetivo sensible a los atentados terroristas. El gas natural contribuye de igual modo al efecto invernadero y, por consiguiente, al calentamiento global. Para concluir, los yacimientos muestran una curva de Hubbert más pronunciada que en el caso del petróleo. Se prevé que, una vez agotado el crudo, el gas no durará más allá de diez años y que coincidirán en el tiempo el máximo de explotación gasista con su agotamiento.

El carbón representa, todavía, el veintiséis por ciento del total de los recursos energéticos. Es un combustible muy pesado, poco eficiente y con unos costes de extracción y de transporte muy elevados. Es muy contaminante, tanto en la actividad minera como en su combustión. Es el responsable de la lluvia ácida, que ha devastado miles de hectáreas boscosas y contribuye, también, al efecto invernadero. Es impensable que el carbón pueda sustituir al petróleo, porque su uso masivo llevaría a una catástrofe ecológica de dimensiones insoportables. Existe un acuerdo mundial para reducir su utilización, pero los países productores se resisten a abandonar su extracción y a utilizarlo como una fuente más de energía.

Los biocombustibles, que se obtienen a partir de los vegetales, tienen prestaciones menores que los gasóleos. Para incrementar su producción hasta un nivel significativo se tendrían que dedicar una gran cantidad de tierras fértiles a su cultivo. Ya se ha constatado que este desvío de plantaciones, para la obtención de biocombustibles ha sido la causa inmediata del aumento de precio de alimentos básicos, como el pan, el maíz y los cereales. La roturación de selvas vírgenes, para dedicarlas al cultivo de biocombustibles contribuye negativamente al proceso de desertización y, con él, al agravamiento del hambre en los países subdesarrollados. Como colofón de este apartado, el proceso de siembra, tratamiento, fertilización, riego, cosecha, transporte y distribución de estos combustibles de origen vegetal requieren de una energía que, por lo general, proviene del petróleo. De modo que mal pueden ser los biocombustibles un sustituto del crudo cuando se necesita éste para obtenerlos.

La fusión nuclear, similar a la que se origina en el interior del sol y que proporciona la energía natural que nos sostiene es la fuente que se ambiciona como la solución de todos los problemas energéticos del futuro. Ahora bien, los problemas tecnológicos son de tal magnitud que, desde que se comenzó a investigar esta posibilidad, ya han pasado más de treinta años sin que se hayan producido resultados prácticos. Es necesario alcanzar temperaturas superiores a cien millones de grados para que se produzca la reacción de fusión. Hay que encontrar materiales capaces de resistir las altas temperaturas y la radiación. El balance entre el gasto de energía necesario para provocar la fusión y la que se obtenga ha de ser positivo. Por último, se ha de encontrar la manera de transformar toda esa energía en electricidad aprovechable, para que el proceso compense suficientemente la inversión. El proyecto internacional ITER dedicará más de diez mil trescientos millones de euros, a lo largo de diez años, para conseguir estos ilusionantes propósitos.

La energía hidroeléctrica aporta casi el tres por ciento de la energía global. No se prevé que este porcentaje pueda aumentar significativamente. La construcción de grandes presas (necesarias para la obtención de electricidad) es siempre muy controvertida. Obligan a una considerable inversión, la expropiación de terrenos da pie a inacabables procesos legales de compensación y su impacto ambiental nunca es bien recibido. Por si fuera poco, la regulación de los grandes ríos interrumpe su aporte de sedimentos, lo cual empobrece las tierras ribereñas de cultivo y erosiona su desembocadura, en forma de delta (véase, por ejemplo, las tierras del delta del río Ebro). Además, el ciclo de vida útil de un embalse no es ilimitado, porque el progresivo colmatado de la presa acaba con su eficiencia en unos cuantos años. A pesar de todos estos inconvenientes, en China hay más de sesenta mil centrales hidroeléctricas en funcionamiento y se ha construido una faraónica presa en el área de las Tres Gargantas del río Yang Tse, con más de seiscientos quilómetros de longitud y ciento setenta y cinco metros de profundidad, que almacenará treinta y nueve mil trescientos millones de metros cúbicos y generará el once por ciento de toda la electricidad que consume China, al producir ochenta y cuatro mil seiscientos millones de kilovatios/hora al año. Una producción de tal magnitud supera la que, hasta ahora, era la mayor del mundo, que genera ochenta mil millones de kilovatios/hora al año, y que se alza en Itaipú, en la frontera entre Brasil y Paraguay, en el río Paraná. En Estados Unidos, existen unas sesenta y siete mil presas, pero no se utilizan para obtener energía, lo cual podría producir la electricidad necesaria para varios millones de hogares, sino para regular las crecidas y prevenir tanto inundaciones como sequías.

Existen grandes esperanzas de que la energía del futuro se base en la utilización del hidrógeno, el elemento más simple y común del universo. Según el World Watch Institute, ésta será la fuente energética del siglo XXI. Será utilizado en forma de pilas de combustible, en las que el único subproducto generado es inocuo: vapor de agua. Esta tecnología ya se está experimentando en algunos prototipos de automóviles, en investigaciones impulsadas por las grandes multinacionales automovilísticas, preocupadas por el incierto futuro del petróleo como combustible. Sin embargo, la utilización del hidrógeno tropieza con la elevada energía que se requiere para fabricar una pila de este elemento, superior a la que después proporciona. Para conseguirlo en estado líquido, se necesitan temperaturas inferiores a −253 °C y presiones elevadísimas. Ocupa ocho veces más volumen que los actuales depósitos de gasolina o gasóleo y su manipulación es muy peligrosa, por su elevada inestabilidad. Se afirma que, en caso de rotura del tanque de hidrógeno, como consecuencia de un choque, se generaría una onda expansiva y una bola de fuego que arrasaría todo en un radio de cientos de metros. Por último, además de todos los inconvenientes citados, la obtención de hidrógeno requiere el uso y consumo de platino, uno de los metales más caros del mundo.

La fisión nuclear proporciona el siete por ciento de toda la energía que se consume en la actualidad. Plantea, sin embargo, problemas de muy difícil solución. El primero, el enorme coste de la construcción y posterior desmantelamiento de las centrales nucleares. Tampoco se han encontrado soluciones fáciles para desprenderse de los peligrosos residuos radioactivos que generan, que emiten radiaciones nocivas durante miles de años. El riesgo de accidentes nucleares o de ataques terroristas es muy elevado, por sus devastadoras consecuencias. Tampoco hay que olvidar el gran impacto ambiental que genera la minería del uranio, mineral que también está en vías de agotamiento y cuyo pico de producción, según su curva de Hubbert, se alcanzará en unos veinticinco años. Este plazo se acortaría en la medida en que se incrementase la construcción de centrales nucleares. La reacción controlada (fisión) se produce en el interior de los reactores nucleares, en cuyo interior se almacenan las barras del material físil (uranio 235 y plutonio 239) que son bombardeadas con neutrones de diferentes energías. Dos o más núcleos de estos átomos pesados se rompen, formando átomos más ligeros, como el criptón o el bario. La diferencia de masa entre los productos iniciales y los finales se transforma en energía. También se producen otros subproductos, como neutrones, que inician reacciones en cadena, al incidir sobre otros núcleos pesados, fotones (generalmente rayos gamma), partículas alfa (núcleos de helio) y beta (electrones y positrones de alta energía).

Existe poco uranio 235 en forma natural. Es necesario someterlo a un proceso de enriquecimiento de su núcleo, para aumentar la proporción de nucleidos 235. Se emplean moderadores, como agua pesada, cadmio, grafito o helio, entre otros, para reducir la velocidad de los neutrones que se producen y alcanzar la masa crítica necesaria, para que el material experimente una reacción nuclear en cadena. El calor que se genera se conduce hasta un intercambiador térmico, o bien directamente a la turbina generadora de electricidad, similar a la de las centrales térmicas. La utilización de la energía nuclear se basa en su gran rendimiento: un kilogramo de uranio proporciona ciento sesenta megavatios/hora, mientras que uno de fueloil sólo produce cuatro y uno de carbón tres, además de mucho más $CO_2$.

Estados Unidos es el país con mayor implantación de centrales nucleares, con ciento tres reactores que proporcionan el 19 % de la electricidad que consume. Francia, con cincuenta y nueve reactores, obtiene el 78,5 % de la energía eléctrica que necesita de sus centrales nucleares. China, que sólo posee diez centrales nucleares, planea la construcción de treinta y dos nuevas en los próximos quince años. Este país se convertiría en un gran consumidor del escaso combustible nuclear disponible.

Sin embargo, las centrales nucleares son altamente peligrosas por las reacciones que se producen en su interior, la gran energía generada y el material residual. Necesitan una gran cantidad de agua para su refrigeración, razón por la cual suelen construirse junto al mar o los grandes ríos. Entres sus desechos figura el plutonio 239, cuya vida activa se calcula en unos veinticinco mil años. Es decir, que, durante todo ese tiempo, seguirá siendo radioactivo. Según el período que requieren los residuos de las centrales nucleares para su semidesintegración, se clasifican en baja actividad (inferior a treinta años), media (también inferior a treinta años, pero de mayor actividad que los primeros) y de alta actividad (superior a treinta años).

La vida media de una central nuclear es de unos veinticinco años. Su desmantelamiento es una operación compleja, porque todo el material que ha estado en contacto con materiales reactivos está contaminado y se debe almacenar en cementerios nucleares. Estos depósitos, altamente peligrosos, deben mantenerse aislados para siempre o hasta que una nueva tecnología, hoy por hoy inexistente, sea capaz de desactivarlos. Algunos de los materiales sobrantes pueden ser tratados, para reducir su actividad, mediante el bombardeo de neutrones, e incluso reutilizarse como combustible en otros procesos o en otras instalaciones, ya que, del material reactivo, sólo se utiliza el 7 % de su actividad.

Tanto la amenaza de la extinción de las actuales fuentes de energía como los problemas ambientales que se derivan de su utilización, han propiciado una fecunda investigación de lo que se ha dado en llamar energías limpias y renovables. Limpias, porque no generan residuos contaminantes que contribuyan al calentamiento global, y renovables, porque no dependen de yacimientos limitados, sino que se dan permanentemente en la naturaleza. De entre ellas, las más prometedoras provienen del sol, el viento, las mareas y el calor de la propia tierra.

Las energías renovables representan, en la actualidad, únicamente el 0,5 % del consumo mundial de energía. Su desarrollo sólo ha sido posible gracias a que todavía se dispone de suficiente petróleo, a un precio asequible, para abordar la fabricación de los costosos materiales que se necesitan para la construcción de los ingenios que transforman la fuerza de la naturaleza en electricidad, así como las infraestructuras que conlleva su utilización. Por lo general, la energía que generan estos dispositivos es difícil de transportar y de almacenar, razón por la cual su uso suele restringirse a áreas e, incluso, domicilios concretos. Además, la cantidad de energía generada depende, en gran medida, de factores aleatorios e inconstantes, en función de factores externos imprevisibles. Su rendimiento tampoco suele ser demasiado elevado. Pensemos que si, por ejemplo, se pudiese aprovechar toda la energía de procedencia eólica que se dispone en los cien metros más cercanos a la tierra (algo impensable con nuestra actual tecnología), sólo se dispondría del 75 % de la energía primaria que se consume en la actualidad, aunque la constante mejora y el mayor rendimiento de los molinos generadores de electricidad hace concebir serias esperanzas en este modo de obtener energía limpia, aunque no como única fuente de suministro. Para captar una potencia equivalente, mediante placas solares fotovoltaicas, la superficie necesaria sería igual a la de toda España. Aunque el 80 % de las necesidades de energía, en las sociedades industriales avanzadas, se dedican a la climatización de edificios y al transporte, tanto por carretera como por avión o vía férrea, la mayoría de las aplicaciones de las energías renovables se destinan a la producción de electricidad.

La radiación procedente del sol se aprovecha, fundamentalmente, de dos maneras diferentes: como generador de electricidad y aprovechando su calor. Einstein recibió el premio Nobel por su descu-

brimiento del efecto fotoeléctrico de determinados semiconducto-
res (normalmente silicio), que absorben los fotones procedentes del
Sol y emiten electrones. Es decir, una corriente eléctrica. La energía
solar térmica utiliza la radiación solar de un modo distinto: se hace
circular agua por una serie de pequeños conductos expuestos al Sol.
El colector solar plano es la aplicación más común de este tipo de
energía. Países como Japón, Israel, Chipre o Grecia han instalado millones de unidades, que obtienen agua caliente para calefacción y uso
doméstico, así como para piscinas, hospitales y, también, procesos industriales. Un metro cuadrado de colector solar térmico genera una
cantidad de energía equivalente a cien kilogramos de petróleo. Para
mejorar el rendimiento de las centrales termoeléctricas solares, éstas
utilizan grandes espejos cóncavos, que concentran la radiación sobre
unos aceites sintéticos que alcanzan altas temperaturas. Su refrigeración produce vapor de agua a alta presión, que impulsa el movimiento
de una turbina (de un modo parecido al que se utiliza en las centrales
nucleares, pero sin ninguno de sus inconvenientes).

La fuerza del oleaje y las mareas de los océanos se utilizan como
fuente energética de varios modos posibles. El dispositivo que parece
más eficiente es el instalado en la isla escocesa de Islay. El movimiento del mar se aprovecha para generar flujos de aire que impulsan las
turbinas que, a su vez convierten el movimiento en electricidad. La
instalación es bastante costosa y no demasiado eficiente, pero tiene
la ventaja de que su materia prima es inagotable y su contaminación
ambiental nula.

La conversión de la fuerza del viento en electricidad (energía eólica) se realiza por medio de los aerogeneradores. En España se intro-
dujo esta técnica en el año 1984 (en Garriguella, Girona). Existe una
amplia disponibilidad de generadores eólicos, desde los muy pequeños, que sólo proporcionan unos pocos vatios, hasta los mayores, que
generan más de cuatro megavatios. El aprovechamiento de la energía eólica y el consiguiente ahorro de combustibles fósiles evitan que
se introduzcan en la atmósfera más de tres millones de toneladas de
$CO_2$. La instalación de aerogeneradores no está exenta de polémica,
por el impacto visual que tienen en el paisaje, así como por el eleva-

do coste de su instalación, que nunca puede ser permanente, porque estos aparatos también tienen una vida útil finita. Su ubicación suele estar alejada de los centros de gran consumo (las ciudades), lo cual comporta problemas insolubles de transporte, y su aprovechamiento como energía industrial es problemático, porque no se puede basar una producción continua en la circunstancia de que sople o no el viento. Esta energía, pues, solamente es utilizable como complemento de otras fuentes más fiables, pero no como único suministro energético.

El calor interno de la tierra se aprovecha, también, como fuente de energía (geotérmica). La elevada temperatura interna del planeta asciende a la superficie, especialmente en las áreas volcánicas y las fallas propias de las zonas de contacto entre placas corticales. Los sistemas conectivos de agua subterránea captan el calor interno y alcanzan el exterior, a través de rocas porosas o fallas geológicas. Es un tipo de energía de distribución irregular, con lugares de amplia disponibilidad y otros de nula capacidad de aprovechamiento. En los puntos que se utiliza suele emplearse de un modo similar al de los generadores solares planos, pero sin necesidad de artilugios especiales; el agua caliente (de origen subterráneo) se introduce en el sistema de calefacción, público o privado, y evita el consumo de combustible. Es una fuente energética que, donde existe, parece que ha de permanecer para siempre.

La enorme acumulación de desechos orgánicos que generan la ganadería y las grandes ciudades se aprovecha para generar gas metano, utilizable como fuente de energía. Es la llamada biomasa. Los residuos orgánicos se someten a un proceso de fermentación, que se inicia licuándolos y convirtiendo sus compuestos en ácidos. Estos ácidos, mediante otro proceso de fermentación distinto, generan el gas metano, que se puede utilizar como combustible.

Todas las dificultades expuestas para la obtención de energía, así como el impacto negativo que tienen muchas de ellas para la conservación del planeta, han llevado a la conciencia mundial la certeza de que es necesario extremar el ahorro energético y no consumir más energía que la estrictamente necesaria para el normal desarrollo de la actividad humana. Los gobiernos, por su parte, dictan medidas encaminadas a este ahorro (como la limitación de velocidad en las carreteras o el cambio de la hora oficial, por ejemplo), pero es necesario que prime en la conciencia individual de cada ciudadano la necesidad de contribuir, con un estilo de vida apropiado, a que el gasto energético sea moderado. Por cada kilovatio/hora de electricidad que se ahorre se evitará, aproximadamente, un kilogramo de $CO_2$ en la central térmica, donde se quema carbón o petróleo para obtener esa energía. Evitando el despilfarro energético se contribuye a evitar las lluvias ácidas, las mareas negras, la contaminación atmosférica, los residuos radioactivos, el riesgo de accidentes nucleares, la destrucción de los bosques, la devastación de los parajes naturales y la desertificación.

Ahorrar energía comporta un pequeño cambio de hábitos y una planificación inteligente de las viviendas. Medidas como el aislamiento apropiado, la orientación y el tamaño de las ventanas, pueden suponer hasta un 60 % de ahorro en el consumo energético de una casa. Al instalar un sistema de calefacción, o de agua caliente, es preferible decantarse por uno de los más eficientes, que son, por este orden, sol, biogás o biomasa, leña, gas natural, gas propano y butano. La electricidad es la opción más derrochadora de recursos. Es muy conveniente utilizar pintura blanca, o colores claros, para los techos, paredes y muebles, porque reflejan y distribuyen mejor la luz. En invierno es suficiente una temperatura entre dieciocho y veinte grados para disfrutar de confort en el interior de la vivienda.

Otras medidas interesantes de ahorro energético, en la propia vivienda, son: desconectar los electrodomésticos, por completo, cuando no se utilizan, no dejarlos en espera, pues, en tal posición, consumen un 30 % de la electricidad que necesitan cuando están en pleno funcionamiento; procurar no introducir ningún alimento caliente en el interior del frigorífico o del congelador ni mantener abierta la puerta de estos aparatos demasiado tiempo, ni con excesiva frecuencia; esperar a que el lavaplatos o la lavadora estén al máximo de su capacidad antes de iniciar un ciclo de lavado; regular la temperatura del calentador de agua de modo que proporcione el agua caliente a la temperatura que se usará, sin tener que mezclarla con agua fría; cerrar el grifo mientras uno se lava los dientes o se afeita; ducharse, en lugar de llenar la bañera de agua, para tomar un baño; colocar difusores en los grifos, que ahorran hasta un 50 % del agua que proporcionan; apagar las luces al abandonar las habitaciones; limpiar el polvo de las bombillas con frecuencia; etc.

Según las estimaciones actuales, el 71 % de la demanda final de petróleo procede de los transportes, el 7 % de la industria, el 8 % del sector de servicios y el 14 % de los particulares. La mejor forma de ahorrar es no utilizar el vehículo propio, si hay transporte público disponible, o compartir el coche. En recorridos inferiores a los diez kilómetros un automóvil puede consumir más del doble de lo que gastaría en carretera. Circular con el motor frío incrementa el consumo en más de un 50 %. Utilizar el aire acondicionado en verano (llevar las ventanillas siempre cerradas), no sobrecargar el vehículo y mantener una presión correcta de los neumáticos son factores que contribuyen a un consumo más ajustado de los automóviles. Por supuesto que un estilo de conducción más reposado, huyendo de los bruscos acelerones y los continuos frenazos, es mucho más recomendable que una marcha agresiva.

A continuación, se muestran los porcentajes de ahorro que se obtendrían al sustituir unos aparatos y electrodomésticos por otros o utilizándolos de un modo más eficiente, desde un punto de vista energético:

- Conducir a 90 km/h en lugar de a 110 km/h, 25 %.
- Coche pequeño en vez de grande, 44 %.
- Bombilla fluorescente compacta (de bajo consumo), 80 %.
- Lavadora en frío, 80 - 92 %.
- Lavadora de bajo consumo energético, 40 - 70 %.
- Frigorífico de bajo consumo energético, 45 - 80 %.
- Calefacción en casa bien aislada, 50 - 90 %.
- Calefacción de gas, no eléctrica, 53 - 80 %.
- Bomba de calor en vez de calefacción eléctrica, 50 %.
- Cocina de gas en vez de eléctrica, 73 %.

- Horno de gas en vez de eléctrico, 60 - 70 %.
- Tender en lugar del uso de una secadora, 100 %.
- Lavavajillas con toma de agua caliente, 68 %.
- Lavavajillas en frío, 75 %.
- Usar papel reciclado en vez de papel virgen, 50 %.
- Reciclar el aluminio, 90 %.
- Compartir el coche con dos, tres o cuatro personas, 50 - 66 - 75 %.
- Usar el autobús en vez del coche, 80 %.
- Caminar o ir en bicicleta y no usar el coche, 100 %.
- Coche de bajo consumo, 16 - 25 %.
- Tapar las cacerolas al cocinar y ajustar el tamaño de la llama, 20 %.
- Permitir la ventilación de las rejillas de la nevera, 15 %.

## La crisis ecológica

La ecología, término que fue acuñado por el prusiano Ernst Haeckel en 1869, como ciencia, estudia la interacción de los seres vivos entre sí y con el ambiente. La humanidad, en tanto que especie, se diferencia del resto de las especies animales por su fuerte influencia en el medio que la rodea. Las personas no sólo obtienen de la naturaleza todo aquello se necesita para el desarrollo de la vida, sino que, también, transforman profundamente su entorno, como consecuencia de su búsqueda de recursos para la supervivencia, así como por el deseo de incrementar su comodidad y su seguridad.

Ya en el neolítico (entre 7.000 y 5.000 años antes de nuestra era) se produjo un cambio decisivo en el comportamiento del hombre con el entorno. La humanidad dejó de basar su vida en la recolección y la caza y consiguió cultivar las plantas, que necesitaba para su alimentación (agricultura), y domesticar algunos animales, que le eran útiles (ganadería). Dejó de habitar exclusivamente en cavernas y abrigos naturales, para construir sus viviendas en lugares estratégicos, como las poblaciones lacustres de palafitos, que ofrecían protección contra las fieras y, posiblemente, los rivales de otras tribus. Se inició el proceso de acondicionamiento de los espacios naturales, se talaron bosques, tanto para obtener madera, como para disponer de mayores extensiones de tierras de cultivo, se exterminaron especies animales que pudieran significar un peligro para la integridad de las personas o de sus animales domésticos; comenzó, en suma, el proceso que llega hasta nuestros días de alteración de la naturaleza por parte del hombre.

Este proceso irreversible de cambios del espacio natural sufrió una aceleración muy importante a partir de la segunda mitad del siglo XVIII y principios del XIX, con la llamada revolución industrial. El trabajo lento, manual y artesano se sustituyó, progresivamente, por el empleo masivo de maquinaria, primero de vapor, eléctrica y de combustión petrolera más tarde. Se explotó la minería del carbón y del hierro como nunca anteriormente, se facilitó el transporte de materias primas y de mercancías con el ferrocarril y los barcos de vapor y, en una acelerada carrera de descubrimientos científicos y tecnológicos, se produjeron sucesivas revoluciones (las llamadas segunda y tercera revolución industrial) que dieron lugar a la invasión del paisaje terrestre por carreteras, autopistas y automóviles, mientras que la navegación aérea se convertía en un medio de transporte, para personas y mercancías, que finalmente ha dado lugar a la llamada globalización de la economía. A partir de estos instrumentos, se exacerbó la explotación de la naturaleza, sin ninguna cortapisa, como si los yacimientos de materias primas fuesen inagotables y como si el vertido al medio natural de desechos contaminantes no tuviese la menor importancia. Al mismo tiempo, se instauró un régimen imperialista mundial, en el que las llamadas potencias industrializadas explotaban los recursos de los países menos desarrollados y depredaban sus riquezas, naturales y humanas, sin la menor limitación del expolio.

A lo largo del siglo XX, en parte por el despertar político de las naciones subdesarrolladas, en parte por la conciencia de que la conservación del medio natural es imprescindible para el desarrollo de la vida humana, y, muy especialmente, por la alarmante conclusión de múltiples estudios que señalaban las catástrofes futuras que podrían, incluso, terminar con la vida del hombre en la Tierra (como la destrucción de la capa de ozono), han nacido múltiples organizaciones, públicas y privadas, que propugnan cambios en los procesos productivos actuales y el comportamiento general de nuestras sociedades, en aras de la conservación de la naturaleza. Son estas organizaciones las que, con firmeza, han denunciado la gravedad de la crisis ecológica mundial que nos amenaza. El Fondo Mundial para la Naturaleza (WWF), en su informe Planeta Vivo 2008, afirmó que el mundo se aproximaba a una peligrosa crisis, provocada por la demanda humana, que ya había superado el 30 % de la capacidad de la naturaleza para regenerarse. En este informe sobre el estado del planeta, se señalaba que el consumo humano se había duplicado en los últimos cuarenta y cinco años, como resultado del aumento demográfico y el incremento del consumo individual. La sobreexplotación de los recursos naturales estaba agotando la biodiversidad y los ecosistemas, de manera que los desperdicios de la actividad humana se acumulaban en la tierra, el aire y el mar. El resultado denunciado era que la deforestación, la escasez de agua y el declive de la biodiversidad, así como el desorden climático provocado por la emisión de gases con efecto invernadero ponían en peligro, crecientemente, el bienestar y desarrollo de todas las naciones. Estados Unidos y China eran los países que más daños medioambientales ocasionaban y los cinco países con la mayor tasa de impacto medioambiental por persona eran Estados Unidos, Australia, Emiratos Árabes Unidos, Kuwait y Dinamarca. En el otro extremo de la lista se encontraban Bangladesh, Congo, Haití, Afganistán y Malaui. Por regiones, sólo la Europa extracomunitaria, África, Latinoamérica y el Caribe seguían en los límites de la biocapacidad. El director general de WWF Internacional, James Leape, señaló que los líderes mundiales debían asumir la defensa medioambiental como una de sus principales tareas y asegurarse de que ésta era tomada en cuenta en decisiones que afectasen al consumo, desarrollo, comercio, agricultura y pesca. El estudio que se realiza cada dos años mide la evolución de la biodiversidad mundial y las existencias de casi 1.700 vertebrados en todo el mundo, que se redujo en los últimos años casi en un tercio. «La crisis ecológica nos afectará mucho más que la crisis financiera y pondrá en peligro tarde o temprano el bienestar y el desarrollo de todas las naciones», dijo el director de WWF Alemania, Christoph Heinrich, durante la presentación del informe en Berlín.

A la hora de encontrar a los máximos culpables de la crisis actual, se señala a las compañías multinacionales como las mayores responsables del desprecio por la ecología y el desarrollo sostenible. Ellas, por sí mismas, generan más de la mitad de los gases invernadero emitidos por las industrias, a los que se atribuye el recalentamiento del planeta. Tienen, prácticamente, el control exclusivo de la producción y utilización de clorofluorocarbonos y compuestos relacionados, destructores de la capa de ozono.

Dominan la minería y están intensificando sus actividades. Por ejemplo, el 63 % de la industria del aluminio está controlado por sólo seis empresas. Controlan el 80 % de la tierra cultivada para exportación en todo el mundo, y veinte de ellas venden el 90 % de los plaguicidas. Fabrican la mayor parte del cloro utilizado en todo el mundo, que constituye la base de algunas de las sustancias químicas más tóxicas, como el difenil policlorado, el DDT y las dioxinas. Son las principales transmisoras de sistemas de producción ambientalmente insostenibles y materiales peligrosos. Por ejemplo, el 25 % de las exportaciones de plaguicidas de Estados Unidos, a fines de los años ochenta, fueron sustancias prohibidas en el propio mercado estadounidense. Dominan el comercio (y en muchos casos la extracción o explotación) de recursos naturales, que contribuye al agotamiento o la degradación de bosques, agua y recursos marinos, así como al aumento de desechos tóxicos. Promueven también una cultura de consumo insostenible mediante la promoción de sus productos. Se prevé que, con el crecimiento de estas empresas, aumentará también la degradación ecológica. Debido a su mayor capacidad tecnológica, el uso de técnicas de producción o sustancias ambientalmente perjudiciales y el gran volumen de producción que las caracteriza, las multinacionales provocan en general un impacto ecológico negativo, cuando por primera vez producen en determinada área, aumentan sus actividades en ella o exportan hacia dicha área. Junto con la expansión y penetración de mercados por estas empresas ha aumentado la degradación del medioambiente, y este efecto no es exclusivo de empresas del Norte. En los últimos años, ha habido un incremento significativo de las inversiones y actividades en el exterior de empresas de países en desarrollo, especialmente del este y sudeste de Asia, que son en gran parte responsables, por ejemplo, del aumento de la tala de bosques y la consiguiente deforestación en el Pacífico y América del Sur.

La deforestación está provocada, de manera directa, por la acción del hombre, en su constante interés por mejorar sus condiciones de vida en cuanto a alimentación, vivienda y vías de comunicación, entre otros. Acciones como la tala inmoderada y el uso, cada vez más frecuente, de áreas verdes para actividades agrícolas o ganaderas son las que contribuyen a acrecentar esta problemática. La trascendencia de esta problemática va más allá de la disminución de la capa verde de nuestro planeta. Los bosques y selvas son el pulmón de la Tierra, determinan la gran biodiversidad que existe y mantienen un perfecto equilibrio en los ecosistemas. Todos los problemas derivados de la deforestación coinciden drásticamente con otro de gran relevancia, como es el calentamiento global provocado por los actuales cambios climáticos, que tanto daño han causado al manifestarse a través de fenómenos naturales: inundaciones, incendios forestales, pérdida de especies animales y vegetales, sequías prolongadas y otras consecuencias. En los países más desarrollados se producen otras agresiones, como la lluvia ácida, que comprometen la supervivencia de los bosques. Mientras que la tala de árboles de la selva tropical es la que ha atraído mayor preocupación mundial, los bosques secos tropicales se están perdiendo, en una tasa substancialmente mayor, sobre todo como resultado de las técnicas utilizadas de tala y quema para ser reemplazadas por cultivos. La pérdida de biodiversidad se relaciona, sin lugar a dudas, con la tala de árboles.

Los datos sobre la actividad pesquera actual resultan reveladores y preocupantes a la vez. El 60 % de las especies comerciales más importantes del mundo están sobreexplotadas o agotadas, y sólo el 25 % de los recursos pesqueros actuales se consideran constantes. Como consecuencia del crecimiento demográfico previsto, y si se mantiene el nivel mundial de consumo de pescado, se calcula que para 2010 las capturas deberán alcanzar los 120 millones de toneladas al año. Esto supone un sustancial incremento (de entre 75 y 85 millones de toneladas) respecto al decenio de 1990. Siguiendo con este preocupante contexto, la organización conservacionista WWF/Adena señala que 40 de las 60 poblaciones de los principales peces comerciales de la zona noreste del Atlántico se encuentran sobreexplotadas. Recuerda también que la flota pesquera de la Unión Europea tiene una sobrecapacidad de al menos un 40 %, y denuncia que aproximadamente un tercio del total de las capturas son arrojadas por la borda (a menudo muertas), bien porque pertenecen a una especie equivocada, bien por su pequeño tamaño o por superar las cuotas fijadas. La sobreexplotación pesquera ha agotado muchos de los recursos existentes, hasta el punto de que algunas especies de peces se encuentran en peligro y con una capacidad de reproducción muy limitada. El problema de la sobreexplotación es que no sólo implica la desaparición de una o varias especies, sino que también constituye una drástica alteración del equilibrio ecológico, ya que cada especie cumple una función en la red trófica (los diferentes eslabones en la cadena alimenticia). La pesca con pesos, plomadas y redes que se arrastran por el fondo del mar puede devastar el hábitat marino. Una red de arrastre, de tamaño medio, puede destruir en el Mediterráneo hasta 363.000 brotes de posidonia (planta que crece en el fondo del mar) por hora.

En la primera línea de la costa, impulsada por la industria turística, un auténtico muro de apartamentos, construcciones ilegales y campos de golf ocultan lo que, no demasiadas décadas atrás, era un litoral virgen. En España, el Gobierno ha ordenado recientemente la demolición de ochenta de estas edificaciones. Además, se ha incoado el preceptivo expediente para derribar cincuenta más en el futuro inmediato. Es un primer paso para imponer una disciplina urbanística que se ha ignorado hasta el presente. Dentro de estas actuaciones, la piqueta ha entrado en acción en veintiuna ocasiones en Murcia y dieciocho en Valencia, según datos del Ministerio de Medio Ambiente. También han desaparecido nueve construcciones ilegales de Galicia, otras tantas de Andalucía, once de Cataluña y dos de Baleares. Sin embargo, todas estas demoliciones no significan nada frente a las megaurbanizaciones de la segunda línea, contra las cuales nada puede hacerse.

El turismo, que es una indudable fuente de riqueza para los países receptores, es una amenaza más de las nacidas en el siglo xx contra la conservación de los espacios naturales. La construcción de estaciones invernales en las montañas, así como los parques de los deportes de aventura, han dado lugar a nuevos complejos hoteleros y apartamentos en el medio natural, con un fuerte impacto paisajístico y una problemática de difícil solución, por los suministros de todo tipo que tales instalaciones requieren y los desechos que generan. Países de África, que ofrecen safaris en sus parques naturales, acumulan vertederos, que son tanto una fuente de contaminación ambiental como una distorsión de la vida salvaje, porque los animales en libertad se acostumbran a visitar estos depósitos de basura en busca de una alimentación fácil, en la que, con demasiada frecuencia, encuentran la muerte, por ingerir residuos tóxicos (baterías, por ejemplo) que han desechado los turistas.

El masivo turismo cultural (o falsamente cultural) hacia lugares que fueron cuna de antiguas civilizaciones, como Egipto o Grecia, ponen en peligro no sólo la conservación de los monumentos milenarios que han perdurado, sino también todo el entorno natural que, hasta la fecha, había sido una salvaguarda, justamente, de esos preciados tesoros arqueológicos. En torno a los yacimientos históricos se ha generado una oferta turística de vacaciones, con hoteles, restaurantes, tiendas de recuerdos, etc., que contribuye poderosamente a la degradación del medioambiente natural. Son, también, achacables al turismo los millones de desplazamientos anuales, en avión o automóvil, que consumen toneladas de combustible, en viajes de placer, y contribuyen, con el vertido a la atmósfera de los gases de la combustión de esos vehículos, al efecto invernadero.

El último informe del Programa de Naciones Unidas para el Medio Ambiente (PNUMA) «Evaluación Global del Mercurio», aseguraba que los usos del mercurio en el mundo, a pesar de su toxicidad, no se han reducido y su comercio se ha estabilizado en unas 3.500

toneladas anuales. Aunque el informe reconoce su disminución en los países industrializados, destaca el incremento de la dependencia de esta sustancia contaminante en los países en vías de desarrollo. Por ello, no es de extrañar que el PNUMA declarara el mercurio una seria amenaza global. La Comisión Europea discute el Reglamento comunitario relativo a la prohibición de la exportación del mercurio y su almacenamiento seguro. No obstante, los responsables de Bruselas son conscientes del escaso impacto de las medidas que puedan adoptarse, porque la industria comunitaria importa la mayor parte del mercurio de China, India y Japón. En cuanto a España, los responsables del Ministerio de Medio Ambiente presentaban durante el Consejo de Administración del PNUMA, celebrado en Nairobi (Kenia), su política de reducción del mercurio. Entre las medidas, destacaban la paralización de las actividades de extracción y producción de mercurio en Almadén (Ciudad Real) y la creación de un Centro Tecnológico en dicha comarca donde se promoverían todo tipo de proyectos sobre descontaminación y gestión de este material. Asimismo, tras el Reglamento recientemente aprobado por la Unión Europea, la Dirección General de Calidad y Evaluación Ambiental del Ministerio de Medio Ambiente ofrecerá subvenciones por valor de más de 17 millones de euros, que incluyen ayudas para la sustitución de sustancias químicas tóxicas.

Con el transcurso de los años, la contaminación del agua ha surgido como un problema de enorme importancia. Entre los contaminantes se cuentan los agentes patógenos, materia orgánica, nutrientes, metales pesados y productos químicos tóxicos, sedimentos y sólidos en suspensión, limo y sales. La lista de los ríos más contaminados del mundo está encabezada por el Amarillo (China), el Ganges (India), y el Amur Daria y Sir Daria (Asia Central). En ciudades de los países en desarrollo de la región, la mayoría de las masas de agua están contaminadas en exceso por aguas residuales domésticas, efluentes industriales, productos químicos y residuos sólidos. La mayoría de los ríos en las zonas urbanas de Nepal están contaminados y sus aguas no son aptas para el uso humano mientras que en el agua potable de Katmandú hay presencia de contaminantes, como bacterias coliformes, hierro, amoníaco y otros. El abastecimiento insuficiente de agua y el saneamiento deficiente son causa de más de quinientas mil muertes infantiles al año, así como, también, de altísimos niveles de enfermedad e incapacidad. En muchos países, el cólera es una enfermedad extendida, especialmente en aquellos donde las instalaciones de saneamiento son precarias, como Afganistán, China e India. La mayoría de la población mundial sin acceso a saneamiento o abastecimiento de agua mejorados vive en Asia. Se calcula que solamente el 48 % de la población asiática recibe cobertura de servicios de saneamiento, menos que en cualquier otra región del mundo. La situación empeora en las zonas rurales, donde sólo el 31 % de la población tiene saneamiento mejorado, en comparación con el 78 % de cobertura en las zonas urbanas. Durante el último decenio, varios países comenzaron a tratar el problema de la calidad del agua implementando programas y planes de acción a gran escala para rehabilitar cursos de agua degradados y acuíferos agotados. Generalmente, se concede a esos programas poder legislativo o estatutario. Los casos de éxito relacionados con la rehabilitación y protección de la calidad del agua de los ríos provienen de los países donde las políticas relativas al agua promueven un enfoque multisectorial y multidisciplinario para la ordenación de los recursos hídricos.

El calentamiento del planeta es inequívoco, como se desprende ya del incremento observado en el promedio mundial de temperatura del aire y del océano, en la fusión generalizada de nieves y hielos, y en la crecida del nivel del mar. El aumento de la temperatura media, observado desde mediados del siglo XX, se debe a la alta concentración de los gases de efecto invernadero vertidos a la atmósfera por la actividad humana. El problema del calentamiento global afecta a la humanidad y a muchas de las especies animales, pero no a la Tierra, que permanecerá muchísimos millones de años más, sin sus actuales habitantes y sin necesidad de salvarse. El clima ya se está moviendo más allá de las pautas de variabilidad natural en las que nuestra sociedad y la economía se han desarrollado y prosperado. Las emisiones han crecido, triplicando el aumento anual, en los años del presente siglo, comparando las emisiones con la anterior centuria. Si, en un primer momento, se habló de no superar los 2 °C, ahora ya estamos a punto de alcanzar los 3 °C, y se asegura que debemos prepararnos para una elevación de la temperatura de 4 °C. Los países menos desarrollados están siendo y serán los más afectados. Las consecuencias de la elevación de la temperatura, a los niveles que se pronostican, van a ser difíciles de asimilar. En algunos lugares, como ya se está haciendo en Hamburgo o en Holanda, se están invirtiendo millones de euros para intentar hacer frente a la elevación del nivel del mar, aunque sus planes ya han quedado superados por los nuevos pronósticos. Un problema colateral es la falta de alimentos, al que cada vez es más difícil hacer frente, ya que las sequías van a poner en riesgo de hambrunas a la quinta parte de la humanidad. Con un aumento de la temperatura media de 3 °C o 4 °C, aumentarán las migraciones masivas y las muertes. Ante esta situación es necesario que las industrias y los gobernantes cambien de modelo y limiten, drásticamente, el vertido de gases de efecto invernadero a la atmósfera.

La destrucción de la capa de ozono es uno de los problemas ambientales más graves con los que debemos enfrentarnos hoy en día. Podría ser responsable de millones de casos de cáncer de piel y perjudicar la producción agrícola. En 1987, los gobiernos de todos los países del mundo acordaron tomar las medidas necesarias para solucionar este grave problema, firmando el Protocolo de Montreal, relativo a las sustancias que destruyen la capa de ozono. Fue un acuerdo que sentó un precedente para encarar los problemas globales del medioambiente. Bajo los auspicios del Programa de las Naciones Unidas para el Medio Ambiente (PNUMA), los científicos, industrias y gobiernos se reunieron para iniciar una acción preventiva global. El resultado fue un acuerdo mediante el cual se comprometieron los países desarrollados a una acción inmediata, y los menos desarrollados a cumplir el mismo compromiso en un plazo de diez años. Desde entonces, se han presentado nuevas pruebas científicas de que la destrucción del ozono está ocurriendo más rápidamente de lo previsto. Muchos países han reaccionado ante esta amenaza creciente optando por eliminar la producción y consumo de las sustancias destructoras del ozono con mayor rapidez de lo que ordenaba el tratado.

El ozono es una forma de oxígeno cuya molécula tiene tres átomos, en lugar de los dos del oxígeno común. El tercer átomo es el que hace que este gas, si fuese respirado, sería venenoso, mortal, incluso en una pequeñísima porción de esta sustancia. Por medio de procesos atmosféricos naturales, las moléculas de ozono se crean y se destruyen continuamente. Las radiaciones ultravioletas del sol descomponen las moléculas de oxígeno en átomos que entonces se combinan con otras moléculas de oxígeno para formar el ozono. El ozono no es un gas estable y es muy fácilmente destruido por los compuestos naturales que contienen nitrógeno, hidrógeno y cloro. Cerca de la superficie de la Tierra (la troposfera), el ozono es un contaminante que causa muchos problemas: forma parte del «smog» fotoquímico y del cóctel de contaminantes que se conoce popularmente como «lluvia ácida». Pero en la seguridad de la estratosfera, de 15 a 50 kilómetros sobre la superficie terrestre, este gas azulado y de fuerte olor es tan importante para la vida como el propio oxígeno.

El ozono forma un escudo frágil, de apariencia inmaterial, pero muy eficaz. Está tan esparcido por los 35 kilómetros de espesor de la estratosfera que, si se comprimiera, formaría una capa en torno a la Tierra de no más de un par de centímetros. La concentración del ozono estratosférico varía con la altura, pero nunca es más de una cienmilésima de la atmósfera en que se encuentra. Sin embargo, este filtro tan delgado es suficiente para bloquear casi todas las dañinas radiaciones ultravioletas del sol. Cuanto menor es la longitud de la onda de la luz ultravioleta, más daño pueda causar a la vida, pero también es más fácilmente absorbida por la capa de ozono. La radiación ultravioleta de menor longitud (UVC) es letal para todas las formas de vida, pero queda bloqueada casi por completo. La radiación UVA, de mayor longitud, es relativamente inofensiva y pasa casi en su totalidad a través de la capa. Entre ambas está la UVB, menos letal que la UVC, pero peligrosa; la capa de ozono la absorbe en su mayor parte. Cualquier daño a la capa de ozono aumenta la radiación UVB. Cualquier aumento de la radiación UVB que llegue hasta la superficie de la Tierra tiene potencial suficiente para provocar daños al medioambiente y a la vida terrestre. Los resultados indican que los tipos más comunes y menos peligrosos de cáncer de la piel, no melanomas, son causados por las radiaciones UVA y UVB.

Según los datos actuales una disminución constante del 10 % de la capa de ozono conduciría a un aumento del 26 % en la incidencia del cáncer de piel. Las últimas pruebas indican que la radiación UVB es una causa de los melanomas más raros pero malignos y virulentos. La gente de piel blanca que tiene pocos pigmentos protectores es la más susceptible al cáncer cutáneo, aunque nadie está a salvo de este peligro. El aumento de la radiación UVB también provocaría un aumento de los males oculares tales como las cataratas, la deformación del cristalino y la presbicia. Se espera un aumento considerable de las cataratas, causa principal de la ceguera en todo el mundo. Una reducción del 1 % de ozono puede provocar entre 100.000 y 150.000 casos adicionales de ceguera por cataratas. Las cataratas son causa de la ceguera de doce a quince millones de personas en todo el mundo y de problemas de visión para otros dieciocho a treinta millones. La exposición a una mayor radiación UVB podría suprimir la eficiencia del sistema inmunológico del cuerpo humano. La investigación confirma que la radiación UVB tiene un profundo efecto sobre el sistema inmunológico, cuyos cambios podrían aumentar los casos de enfermedades infecciosas con la posible reducción de la eficiencia de los programas de inmunización. La inmunosupresión por la radiación UVB ocurre independientemente de la pigmentación de la piel humana. Tales efectos exacerbarían los problemas de salud de muchos países en desarrollo.

El aumento de la radiación UVB además provocaría cambios en la composición química de varias especies de plantas, cuyo resultado sería una disminución de las cosechas y perjuicios a los bosques. Dos tercios de las plantas de cultivo y otras sometidas a pruebas de tolerancia de la luz ultravioleta demostraron ser sensibles a ella. Entre las más vulnerables se incluyeron las de la familia de los guisantes y las habichuelas, los melones, la mostaza y las coles; se determinó también que el aumento de la radiación UVB disminuye la calidad de ciertas variedades del tomate, la patata, la remolacha azucarera y la soja. Casi la mitad de las jóvenes plantas de las variedades de coníferas con las que se experimentó fue perjudicada en su crecimiento.

De igual manera, la radiación UVB afecta la vida submarina y provoca daños hasta los veinte metros de profundidad, en aguas claras. Es muy perjudicial para las pequeñas criaturas del plancton, las larvas de peces, los cangrejos, los camarones y similares, al igual que para las plantas acuáticas. Puesto que todos estos organismos forman parte de la cadena alimenticia marina, una disminución de sus poblaciones puede provocar asimismo una reducción de los peces. La investigación ya ha demostrado que, en algunas zonas, el ecosistema acuático está sometido al ataque de la radiación UVB, cuyo aumento podría tener graves efectos en su desarrollo. Los países que dependen del pescado como una importante fuente alimenticia podrían sufrir consecuencias graves. Al mismo tiempo, una disminución en el número de las pequeñas criaturas del fitoplancton marino despojaría a los océanos de su potencial como colectores de dióxido de carbono, contribuyendo así a un aumento del gas en la atmósfera y al calentamiento global.

Los materiales utilizados en la construcción, las pinturas y los envases y muchas otras sustancias son degradados por la radiación UVB. Los plásticos utilizados al aire libre son los más afectados y el daño es más grave aún en las regiones tropicales, donde la degradación se intensifica por las temperaturas y niveles de luz solar más elevados. La destrucción del ozono estratosférico agravaría la contaminación fotoquímica en la troposfera y aumentaría el contenido de ozono cerca de la superficie de la Tierra. Esto tendría sus efectos negativos sobre la salud humana, al igual que sobre las cosechas, los ecosistemas y los materiales de los que dependemos. El planeta y sus habitantes se juegan mucho en la preservación del frágil escudo de la capa de ozono, pero inconscientemente hemos venido sometiendo a la capa de ozono a ataques sostenidos. Durante medio siglo, las sustancias químicas más perjudiciales para la capa de ozono fueron consideradas milagrosas, de una utilidad incomparable para la industria y los consumidores e inocuas para los seres humanos y el medioambiente. Inertes, muy estables, no inflamables ni venenosos, fáciles de almacenar y baratos de producir, los clorofluorocarbonos (CFC) parecían ideales para el mundo moderno. Su uso se generalizó más y más. Inventados casi por casualidad en 1928, se los usó inicialmente como líquido refrigerante. A partir de 1950, fueron usados como gases propulsores en los aerosoles. La revolución informática impulsó que se usaran como disolventes de gran eficacia, debido a que podían limpiar los circuitos delicados sin dañar sus bases de plástico. Estas sustancias atacan la capa de ozono. Flotan lentamente hasta la estratosfera, donde la intensa radiación UVC rompe sus enlaces químicos. Así se libera el cloro, que captura un átomo de la molécula de ozono y lo convierte en oxígeno común. El cloro actúa como catalizador y provoca esta destrucción sin sufrir ningún cambio permanente él mismo, de modo que puede repetir el proceso. En estas condiciones, cada molécula de CFC destruye miles de moléculas de ozono.

Los halones, con una estructura semejante a la de los CFC, pero que contienen átomos de bromo en lugar de cloro, son aún más dañinos. Los halones se usan principalmente como extintores de incendios, y destruyen más ozono que los CFC. Las concentraciones de halones, si bien muy pequeñas, se duplican en la atmósfera cada cinco años. También están aumentando con rapidez los CFC más dañinos; las concentraciones de CFC 11 y CFC 12 (el más común), se duplican cada diecisiete años y el CFC 13 se duplica cada seis años. Las sustancias químicas más peligrosas tienen una vida muy larga. El CFC 11 dura en la atmósfera un promedio de setenta y cuatro años, el CFC 12 tiene una vida media de ciento once años, el CFC 113 permanece durante unos noventa años y el halón 1301 dura un promedio de ciento diez años. Esto les da tiempo suficiente para ascender a la estratosfera y destruir el ozono. Ya se ha demostrado que los CFC son la principal causa de la destrucción del ozono. Cada primavera austral se abre un agujero en la capa de ozono, sobre la Antártida, tan extenso como Estados Unidos y tan profundo como el Monte Everest. El agujero ha crecido casi todos los años, desde 1979. En 1992, cuando el agujero alcanzó su mayor tamaño, la destrucción del ozono alcanzó un 60 % más que en las observaciones anteriores. El agujero cubría sesenta millones de km$^2$. En 1992, el agujero se mantuvo durante un período más largo, probablemente porque las partículas lanzadas por el volcán Pinatubo aumentaron la destrucción de la capa de ozono. Evaluaciones de la capa de ozono en algunos puestos de observación en 1992 también demostraron la destrucción total de la capa de ozono entre los 14 y los 20 km de altura.

Nadie sabe cuáles serán las consecuencias del agujero en la capa de ozono, pero la investigación científica exhaustiva no ha dejado dudas en cuanto a la responsabilidad de los CFC. Al parecer, su acción es favorecida por las condiciones meteorológicas exclusivas de la zona, que crean una masa aislada de aire muy frío alrededor del Polo Sur. Ahora es evidente que las naciones deberían haber actuado con más prontitud para evitar parte de la demora, en el período comprendido entre 1974, fecha en que los científicos anunciaron su descubrimiento sobre las sustancias destructoras del ozono, y 1987, cuando se firmó el Protocolo de Montreal original. El millón de toneladas métricas de CFC producidas anualmente durante ese período aplazarán el restablecimiento completo de la capa de ozono y tendremos que pagar las consecuencias de estos años de demora. En los próximos se esperan nuevos riesgos y sorpresas desagradables, especialmente debidas a las erupciones volcánicas, que contribuyen a la destrucción del ozono por encima de los niveles calculados. Habrá que controlar la capa de ozono regularmente y realizar investigaciones para calcular los efectos ambientales de la destrucción del ozono. Se tendrán que desarrollar e introducir nuevas tecnologías para sustituir todas las sustancias destructoras del ozono, en un cambio de modelo ecológico impuesto por la crisis actual en la conservación del medioambiente y la vida sobre la Tierra.

## La crisis económica

La crisis económica mundial se originó en Estados Unidos, en el año 2007, y se extendió por todo el mundo, a lo largo de los años 2008 y 2009. En su comienzo fue únicamente una crisis hipotecaria, con las denominadas *subprime*, hipotecas concedidas a personas que no tenían la capacidad suficiente para hacer frente a los pagos de los créditos que se les habían otorgado. Como si se hubiesen desmontado los cimientos de un edificio, todos los datos económicos mundiales entraron en crisis. Según la opinión de los economistas, porque se habían elevado en exceso los precios de las materias primas, los productos industriales estaban sobrevalorados, había carencia de alimentos básicos, la inflación era muy alta y el pinchazo de la burbuja inmobiliaria de algunos países, entre ellos los propios Estados Unidos, España y Gran Bretaña, provocaron un cierre del crédito, la no concesión de nuevas hipotecas y una pérdida de confianza generalizada en el sistema financiero.

La amenaza de recesión en la economía mundial forzó a los gobiernos a intervenir activamente para evitar el desplome de algunas entidades bancarias (seriamente comprometidas), así como el de algunas grandes empresas industriales, fundamentalmente del sector de la automoción. Agravando más el panorama económico, se destaparon estafas multimillonarias, como en los casos del fondo de inversiones piramidal de Bernard Madoff o el desfalco cometido por Jerome Kerviel en el Banco Delta One de París.

Según el director ejecutivo de la empresa de capital riesgo Blackstone Group, Stephen Schwarzman, la crisis económica ya se ha cobrado el 45 % de la riqueza mundial, en poco más de un año y medio. El plan de rescate financiero que elaboró el secretario del Tesoro de Estados Unidos, Timothy Geithner, con más de mil millones de dólares, podría servir para limpiar de activos tóxicos las entidades financieras. Sin embargo, la evaluación de estos activos es muy compleja. Se señala a las agencias de calificación del riesgo como responsables de la actual situación, por haber concedido la máxima calidad (triple A) a productos financieros que han demostrado su falta de solidez (las citadas subprime). El problema se agravó por el método usual de valoración de activos, que distorsiona las tradicionales normas contables. Muchos de esos créditos basura fueron subrogados a entidades de todo el mundo, incluida España, con lo que el problema se agudizó extraordinariamente.

Otro indicador fiable de la pérdida mundial de riqueza lo ofreció la revista *Forbes*, que relaciona el capital de las personas más ricas del planeta. Según esta revista, el club de multimillonarios, que antes incluía mil ciento veinticinco miembros y cuyos capitales ascendían a 44.000 millones de dólares, se ha reducido a setecientas noventa y tres personas, con fortunas que suman «escasamente» 24.000 millones de dólares, casi la mitad del año anterior. También es apreciable el descenso en el valor de las compañías que cotizan en Wall Street. El valor máximo, de 11.000 millones de dólares, que se alcanzó en octubre del 2007, se ha transformado en un valor nominal de 26.000 millones de dólares, con un desplome espectacular que ha arruinado a miles de pequeños y grandes inversionistas. Casi la mitad de los títulos se negocian por debajo de los cinco dólares por acción, mientras que el 37 % de las acciones ni siquiera alcanzan los tres dólares.

En Estados Unidos, la crisis hipotecaria de agosto de 2007 provocó el estallido de su burbuja inmobiliaria. La Reserva Federal tuvo que inyectar millones de dólares en las entidades financieras para evitar su quiebra, a pesar de lo cual cayeron más de cincuenta de ellas, entre las cuales la más sonada fue Lehman Brothers. El Estado también tuvo que socorrer a las entidades hipotecarias Fannie Mae y Freddie Mac, así como a la aseguradora AIG. Los valores bursátiles experimentaron una fuerte caída. Varias empresas tuvieron que despedir a gran parte de sus trabajadores, con lo que el índice del paro aumentó considerablemente. Toda esa problemática provocó una crisis de confianza y un retraimiento en el consumo que, sin duda, contribuyen al agravamiento de la crisis.

La crisis se extendió con rapidez por el resto del mundo. En Europa, Dinamarca entró en recesión en el primer trimestre de 2008. La economía de la eurozona se contrajo un 0,2 %. La crisis alcanzó a los países considerados punteros de la Unión Europea. Francia retrocedió un 0,3 % y Alemania (la locomotora económica de la Unión) un 0,5 %. Algunos países, como España, no llegaron a decrecer en 2008, pero moderaron mucho su crecimiento, que se quedó en un 1 %, a diferencia de los años anteriores, en los que había sido uno de los países con mayor crecimiento de la Unión. El Consejo de Europa se vio en la obligación de garantizar los depósitos de los clientes de las entidades bancarias para evitar un pánico que hubiese podido tener consecuencias catastróficas para la economía europea.

En España, el efecto más dramático de la crisis ha sido la pérdida de empleos. Las empresas en dificultades han presentado expedientes, ante la autoridad laboral, para aligerar sus plantillas. En Bridgestone se perdieron 2.463 empleos, en Nissan 1.500, en Renault y Roca 1.900, en Ono 1.300, en Iveco 1.000, etc. Sin embargo, el sector más afectado ha sido el inmobiliario, que paga las consecuencias de su desmesurado crecimiento anterior. Los concursos de acreedores de Martin Fadesa, Habitat, SEOP, Grupo Costa, San José y otras muchas empresas del sector de la construcción arrojaron al paro a miles de trabajadores. Según la Comisión Europea, el desempleo en España puede rondar el 19 % en el año 2010, este índice sería el más alto de toda la Unión Europea. Estas cifras tendrán una incidencia negativa en las cuentas públicas, por las ayudas del Estado a las empresas y entidades financieras en dificultades, los subsidios a los parados y las ayudas a las personas sin recursos. Se prevé un déficit público superior al 6 %, que doblaría el máximo permitido en la zona euro. De no mejorarse este déficit, ya hay quien pronostica que el resto de países incluidos en la moneda única podrían invitar a España a salirse del acuerdo si no consigue ajustarse a las condiciones exigidas. Este supuesto sería una auténtica catástrofe para toda la economía española.

La crisis económica mundial está haciendo que los países destino de la gran ola de emigrantes que empezó a mitad de la década de los noventa los vea partir otra vez rumbo a casa. En aquel momento, al clásico destino Estados Unidos, se sumó Europa. Principalmente, Italia y España fueron en el Viejo Continente los países preferidos de los emigrantes que huían de sociedades que no les ofrecían perspectivas. Ahora algunos se ven forzados a emprender el camino de vuelta. Según cifras publicadas por la Secretaría española de Inmigración y Emigración, unos cuatro mil desempleados se han acogido ya a un Plan de Retorno Voluntario que el Gobierno español puso en marcha en noviembre de 2008. De ellos 1.688 son de Ecuador,

713 de Colombia y 393 de Argentina. El incremento y el cambio de la población extranjera en España fue explosivo en los últimos años: a comienzos de la década de los noventa, la mayor cantidad de los 360.000 extranjeros registrados en España la conformaban británicos (13,9 %), marroquíes (13,7 %) y alemanes (8 %). En 2002 del casi millón y medio de extranjeros (1.324.001) el 21,3 % eran marroquíes, el 8,7 ecuatorianos y el 5,4 colombianos. De estas cifras se pasó, en seis años (2008), a más de cinco millones de inmigrantes. Los cambios en las estructuras sociales españolas fueron vertiginosos. En el caso de España, los años de la gran ola de inmigración coincidieron con una muy buena época en el ramo de la construcción. Muchos inmigrantes encontraron su acomodo en ese sector del mercado laboral y también en el servicio doméstico. Pero al estallar la burbuja las dificultades no se hicieron esperar.

El problema, para la inmigración española, es muy serio, porque se compone de personas que estaban trabajando en la construcción y justamente éste es el sector más golpeado por la crisis. También se ve afectado el servicio doméstico, porque, en los momentos difíciles, estos gastos son los primeros en ser recortados. Para enfrentar esta situación, el Plan Español de Retorno Voluntario ofrece a los inmigrantes que hayan estado trabajando legalmente y cotizado a la seguridad social una cantidad correspondiente a sus aportaciones al subsidio de desempleo. A ello se suman ciertas ayudas complementarias para el traslado al país de origen. La condición es que abandonen España en un plazo máximo de 30 días contados desde la fecha del primer pago; el segundo pago se recibiría en el país de origen. El retorno tiene que hacerse junto con sus familiares. Además, no se puede volver a España para residir o realizar ningún tipo de actividad lucrativa. Este plan de retorno vale para países con quienes existan convenios bilaterales; once países latinoamericanos están en ese caso.

La crisis económica afecta también al resto de los países desarrollados del mundo. Japón contrajo su crecimiento un 0,6 % en el segundo semestre del 2008. Australia y Nueva Zelanda también decrecieron. Se ve con preocupación el impacto de la crisis en los países que lideraban la economía en el conjunto de naciones en desarrollo, especialmente China e India, en Asia, Argentina, Brasil y México, en América, y Sudáfrica. Todos estos países han visto comprometido su incipiente crecimiento por verse afectados por la crisis mundial. En cambio, la mayoría de las bolsas de los países emergentes se han beneficiado por la caída de las inversiones bursátiles en Estados Unidos y Europa, donde la pérdida de cotizaciones ha significado una huida de fondos especulativos hacia otras zonas del planeta. Brasil y Rusia aumentaron un 9 %, en moneda local, el índice de India pasó a ser positivo y la Bolsa de Shanghai aumentó un 30 %, porque se considera un mercado sólido y estable, con buenas oportunidades de negocio, en inversiones de futuro.

Los gobiernos de todos los países afectados por la crisis han intentado, desde el primer momento, detener la degradación de la economía financiera, por el temor, confirmado posteriormente por los hechos, de que esa crisis se trasladase a la economía real, como así ha sucedido. En una primera acción, se inyectaron millones de dólares en las entidades bancarias en dificultades. El Banco de Inglaterra tuvo que sostener al Northern Rock, agobiado por la falta de liquidez y la retirada de depósitos de sus clientes, que veían en peligro sus ahorros. El banco de inversión Morgan Stanley reveló pérdidas superiores a los 9.000 millones de dólares, Citigroup 9.800 y Merrill Lynch 7.800. Todas estas pérdidas relacionadas con el mercado hipotecario. Incomprensiblemente, algunos directivos, que habían llevado a estas entidades al borde de la quiebra, que sólo pudo ser evitada por las generosas inyecciones de dinero público, recibieron pagas extraordinarias en cantidades cercanas a las que se habían recibido de la Administración.

En un intento desesperado por recobrar la confianza en el sistema financiero, la Oficina Federal de Investigaciones de Estados Unidos emprendió pesquisas para averiguar las responsabilidades tras las nocivas hipotecas basura. Se detuvieron a cuatrocientas seis personas, incluidos corredores de bolsa y promotores inmobiliarios, supuestamente involucrados en un fraude superior a los 1.400 millones de dólares. Por otra parte, se acusó formalmente a dos directivos del banco Bear Stearns del hundimiento de dos fondos de inversión, que se basaban en las hipotecas corruptas. Se les acusó de que sabían de la escasa fiabilidad de esas inversiones y de ser los causantes de pérdidas por valor de más de 1.400 millones de dólares a sus clientes.

Indy-Mac, uno de los principales bancos hipotecarios de Estados Unidos, fue intervenido por el Gobierno. Se trataba del segundo banco en importancia, en la historia de ese país, que se derrumbaba. Poco después, el cuarto banco de inversión americano, Lehman Brothers, se declaraba en bancarrota, por sus pérdidas en el sector hipotecario y por no haber encontrado ningún inversor que pudiese parar la caída. Los activos del mayor banco de ahorro y préstamo de Estados Unidos, el Washington Mutual, fueron vendidos en subasta después de que la institución fuera intervenida por las autoridades. El Gobierno británico nacionalizó el banco Bradford & Bingley. El ministerio de finanzas alemán, junto a un grupo de bancos, acordó un plan de 60.000 millones de euros para salvar el banco Hypo Real Estate, una de las entidades financieras más importantes de Europa, que está al borde de la bancarrota. En España, el Gobierno intervino la Caja de Ahorros de Castilla-La Mancha, para solventar los problemas de liquidez de esta entidad.

Por primera vez, después de cuatro años de mantenimiento, la Reserva Federal de Estados Unidos se vio forzada a rebajar los tipos de interés, que, desde el 16 de diciembre de 2008 se situaron en el 0,25 %. El mismo camino siguió el Banco Central Europeo, que, tras varios descensos sucesivos, dejó los tipos de interés en el 1,25 % en su última revisión del 2 de abril de 2009. Otros bancos centrales también optaron por mantener tipos de interés bajos o muy bajos para que la economía productiva pudiera remontar la crisis. Entre ellos, cabe señalar el 0,5 % del Banco de Inglaterra, el 0,1 % del Japón y el 0,25 % de Canadá y Suiza.

Estos recortes en los tipos de interés han influido negativamente en la cotización de las divisas. En el mercado cambiario mundial, las monedas se comportan de un modo similar a como lo hacen las acciones en la bolsa. La confianza en la solidez y el futuro de una moneda influye en su valor de cambio. De las divisas más extendidas, la libra esterlina es la que ha sufrido la mayor depreciación, por la fuerte caída del tipo de interés que se vio forzado a adoptar el Banco de Inglaterra y por la poca confianza en la capacidad de reacción de la economía británica. No obstante, tampoco hay que ignorar los movimientos especulativos que habitualmente se desarrollan en el mercado de divisas como responsables, al menos en parte, de la caída de las cotizaciones.

El euro es uno de los ejemplos más claros del funcionamiento complejo del mercado de divisas. Fue puesto en circulación en el año 2001, en quince países europeos, como consecuencia del tratado de Maastricht de 1992. Al año siguiente, julio de 2002, la moneda común europea, que había nacido con una paridad igual a la del dólar, sobrepasó, por primera vez, el valor de la moneda americana. En 2008, el euro alcanzó su valor máximo, pero, a partir de esa posición, la crisis financiera, la rebaja del tipo de interés y la poca confianza en una pronta recuperación de la economía europea han forzado una reducción del valor de la moneda europea con respecto al dólar, que no es más amplia porque tampoco la economía de Estados Unidos atraviesa un buen momento.

En el mercado asiático, el yen japonés también da muestras de debilidad. En conjunto, las cuatro monedas más sólidas del mercado mundial: dólar, euro, libra esterlina y yen, atraviesan dificultades que están impulsando hacia otras divisas el mercado de capitales.

La economía de los países desarrollados se ha basado, históricamente, en un crecimiento sostenido, en torno al 3 %. No cabe duda de que esta tendencia que, en gran parte, se basaba en la explotación de toda clase de materias primas y recursos (incluidos los humanos) de los países pobres no podía ser eterna. Una de las consecuencias de este estado de la economía eran las tensiones inflacionistas permanentes. La inflación, en los países del G7, las economías más desarrolladas del planeta, fue del 2,9 % en 2007 y el 3 % en 2008. Sin embargo, el índice de crecimiento de los precios, en los países emergentes, se sitúa por encima del 7 %, con economías tan inflacionarias como Venezuela (25,7 %), Irán (20,7 %) o Vietnam (16 %). Sin embargo, la crisis económica amenaza, seriamente, con el efecto contrario: la deflación. Sirva como ejemplo el precio del petróleo, que de situarse en 147 dólares el barril, en julio de 2007, pasó a sólo 43, en diciembre de 2008. Se considera que la economía entra en deflación cuando se produce la caída de los precios durante dos trimestres seguidos. La deflación es sumamente perjudicial, porque, en esa situación, los consumidores optan por aplazar sus compras, a la espera de precios más ventajosos. El descenso del consumo incide en la pérdida de producción y de puestos de trabajo, al tiempo que presiona los precios, todavía más a la baja. Se entra en una espiral deflacionaria de difícil salida. En España, la caída de los precios se debió al descenso del valor de los carburantes (22,4 %) y, por lo tanto, también de los transportes. También influyó el menor coste de los alimentos y de los servicios de restauración y hostelería.

Una de las consecuencias inmediatas de la crisis económica ha sido la caída de las ventas de automóviles en Estados Unidos y Europa. En el mes de marzo de 2009 se registró un descenso del 9 % respecto al mismo mes de 2008, frente al 18 % en febrero y el 27 % en enero. Mientras que las ventas de automóviles en Alemania crecieron un 39,9 % en marzo, espoleadas por la aplicación de una prima de desguace en ese país, en España se registró una caída del 38,7 % y en el Reino Unido de un 30,5 %, según las cifras difundidas por la Asociación Europea de Fabricantes de Automóviles en Bruselas. En el conjunto de la Unión Europea, integrada por 27 países, se vendieron en marzo más de 1,5 vehículos nuevos. En los tres primeros meses del año, las ventas ascendieron a 3,4 millones de automóviles, un 17 % menos que en el mismo período de 2008. En Europa occidental, las ventas cayeron en un 16 % (3,2 millones de unidades). España (–43 %) y el Reino Unido (–30 %) fueron los países que registraron las mayores caídas en las ventas de automóviles en el primer trimestre de 2009.

Después de la construcción y la industria del automóvil, nuevos sectores, como el publicitario, el químico y el transportista, se han visto golpeados por la crisis. Las dificultades del sector automovilístico están teniendo consecuencias en los fabricantes de equipamiento y en las subcontrataciones, así como en los sectores químico y siderúrgico, que aprovisionan a los constructores. El gigante químico alemán BASF anunció un paro temporal en 80 fábricas, que afectará a 20.000 empleados. El francés Rhodia va a recortar a finales de año en un 40 % la producción en sus tres plantas de Francia, según los sindicatos. Sus competidores podrían verse en la misma tesitura. El consejo europeo de industriales del sector, el CEFIC, prevé una contracción de la producción química (excepto el sector farmacéutico) del 1,3 % en 2009. Según el banco de negocios estadounidense JP Morgan, los grupos siderúrgicos en Europa, tendrán resultados «en bajada del 43 % en 2009». El líder mundial del sector, Arcelor Mittal, anunció a comienzos de noviembre una reducción del 35 % en su producción en el último trimestre de 2008. «Cada sector siente la ralentización, porque todos los ámbitos de la economía están interconectados», constató Jörg Krämer, economista en el Commerzbank. «Más allá de los aplazamientos de proyectos de inversión, las dificultades de tesorería se van a multiplicar, lo que provocará muchas quiebras», advirtió el último estudio del líder mundial de seguros de crédito Euler Hermes, miembro del grupo alemán Allianz. En el tercer trimestre de 2008, la zona euro entró en recesión por primera vez desde su creación, en 1999. El sector de la construcción, golpeado por la contracción del crédito, está cayendo en toda Europa y, según Euler Hermes, sería raro «prever una mejora sensible antes del final de la década».

En el sector servicios, el impacto de la crisis es también muy grave. En Alemania, que entró en recesión en el tercer trimestre de 2008, por primera vez en cinco años, los constructores de automóviles redujeron en un 10 % sus gastos publicitarios, según la federación alemana de publicistas. El grupo francés publicitario y de mobiliario urbano JCDecaux, número uno mundial, redujo su previsión de crecimiento de su cifra de negocios, debido al deterioro del mercado.

Y ante la caída generalizada de la demanda, el transporte aéreo conoció en septiembre, por primera vez en cinco años, un retroceso del tráfico internacional de pasajeros (–2,9 % respecto al mismo mes del año anterior), según anunció a finales de octubre de 2008 la Asociación Internacional de Transporte Aéreo (IATA).

Incluso en el mercado mundial del lujo se prevé su primera recesión en seis años, en 2009, según avanzó la asesoría de estrategia Bain & Company. En Europa, primer mercado del lujo, el crecimiento se redujo en 2008 a la mitad respecto a 2007, con un 5 %, también según Bain & Company.

Los expertos en la economía mundial, que no supieron prevenir la crisis antes de que se produjera, tampoco se ponen de acuerdo sobre cuál es el camino de salida, si es que existe, ni cuándo se verá la luz al final del túnel. Los más optimistas señalan que ya hay débiles signos de recuperación de la economía estadounidense, pero los organismos oficiales no se muestran tan convencidos de que estemos en el acto final de una crisis de dimensiones y profundidad desconocidas hasta el presente. Nadie espera que se comience a remontar la pendiente antes del final del 2009 y la mayor parte confía en dar los primeros pasos positivos en el 2010, siempre que los planes puestos en marcha por las distintas administraciones surtan efecto. Además, la salida de la crisis no significa lo mismo para todo el mundo. De una parte están los países en los que, como en España, se prioriza la disminución de la elevada tasa de desempleo. En otros, en cambio, se fía todo a la recuperación de la confianza en las instituciones financieras. Probablemente, ambos datos estén sólidamente entrelazados, en el sistema capitalista mundial que rige las relaciones económicas.

La Organización para la Cooperación y el Desarrollo Económicos (OCDE) pronostica que la recesión ocupará todo el año 2009 y descarta la recuperación antes del segundo semestre de 2010. El Fondo Monetario Internacional (FMI) coincide en el pronóstico de un 2009 en recesión, pero avanza la recuperación a los primeros meses de 2010, siempre que se den determinadas circunstancias favorables. La Comisión Europea calcula que el Producto Interior Bruto (PIB) de la Eurozona disminuirá un 1,9 % en 2009 y que, probablemente, crecerá en 2010 un modesto, pero significativo, 0,4 %.

La salida de la crisis es difícil de prever. Existe un amplio consenso de que ésta no se producirá antes de que se hayan eliminado los activos tóxicos que la originaron y se haya recuperado la confianza en las entidades financieras, con la consiguiente fluidez del crédito y el aumento del consumo. Nada de todo esto se producirá si las enérgicas intervenciones de las administraciones públicas no dan el fruto deseado. En todo caso, lo que sí parece claro es que, en el terreno económico, nada será igual que antes de la crisis. Desde las finanzas internacionales hasta las economías domésticas, pasando por los planes económicos de los gobiernos, todos deberán reconsiderar su actitud frente a la economía y ajustar sus decisiones, para que la crisis actual no se convierta en permanente.

# 6 | Más allá del 2012: la llegada del nuevo hombre

Tal como se ha visto a lo largo de estas páginas, no hay ningún motivo para pensar que el hombre permanecerá inmutable a lo largo del tiempo y que será incapaz de evolucionar hacia estados existenciales más elevados. Pero ¿cómo habrán de ser estos cambios? ¿Cómo será la llegada del nuevo hombre? No hay que pensar que al día siguiente de la entrada en el despertar de la galaxia nos encontraremos ante un hombre totalmente transformado. El amanecer traerá una mañana de florecimiento, pero el cambio habrá de ser paulatino para que se sustente en estructuras verdaderamente sólidas que garanticen el desarrollo sostenible del cambio hacia un estadio de evolución superior.

La ficción, ya sea en forma de filmes o en forma de literatura, no ha dejado de inventar, de aventurar, las formas de vida que vendrán y cómo se organizará la existencia. Los guionistas han sido capaces de dotar de contenido a sus ilusiones y en la mayoría de las ocasiones ha sido la visión de un hombre altamente tecnificado la idea que mejor se ha vendido, también la que mejor se ha comprado. En los años 60, a 40 años vista de la época en la que ahora habita el hombre, las ideas sobre el futuro visualizaban un hombre capaz de vivir y habitar en el espacio por haberlo conquistado tecnológicamente, un hombre de vestimentas algo plastificadas, cuando no metalizadas, viviendo en habitáculos minúsculos de máxima rentabilidad domótica, rodeado totalmente de tecnología. No hubo manera de prever un hombre interconectado a través de la red de redes, ampliamente intercomunicado y muy anclado en la urbanidad, sin que nada de lo anticipado se haya dado de manera fidedigna. En realidad, la verdadera transformación del hombre no va a estar jamás en el exterior, sino todo lo contrario, la verdadera transformación del hombre ha estado y estará en su misma esencia, en la evolución de las estructuras mentales (también las neurológicas que las posibilitan) y especialmente en los estados de conocimiento y de conciencia que alcanza, pues, finalmente, son estos estados de conciencia los que acaban repercutiendo en una determinada estructura social y de intercambio de saber, los que a la postre terminan rodeando al hombre de objetos que están a su servicio. Provienen del cambio interior y no a la inversa.

Aunque nos cueste creerlo, el hombre ha ido superándose a sí mismo a lo largo de la evolución y de la historia. Y aunque lo ha hecho a costa de degradar de una manera aberrante el entorno y el hábitat que lo acoge, ha evolucionado positivamente. En estos días en los que la próxima alineación galáctica está próxima, el hombre habrá de asumir, tal como se ha visto, el desafío de superarse a sí mismo nuevamente, creando un estado de conciencia en consonancia con las altas frecuencias del universo. Habrá de vivir en el entorno y para el entorno, y no del entorno. Creará, construirá, se armonizará con la disposición del florecimiento en la mañana de la primavera galáctica.

Y todo esto ¿en qué se traducirá?

El hombre llegará a un punto donde la comunicación será posible simplemente por el intercambio de pensamiento. ¿Una fantasía? Como se verá en las próximas líneas, ésta es una realidad posible que ya están defendiendo los físicos cuánticos, muchos años después de que los mayas anticiparan un hombre de tales características. La perfecta sintonía que llegaron a alcanzar los antiguos mayas con las frecuencias más elevadas de la naturaleza les permitieron conocer los verdaderos ciclos del tiempo y sus consecuentes disposiciones planetarias, y lo que es más importante, las implicaciones que eso tiene para el desarrollo del hombre y los estados de conciencia. Hoy la ciencia corrobora con experimentos de física cuántica, es decir, centrados en el mundo microscópico, lo que los mayas ya supieron anticipar. Ellos nos dejaron el claro mensaje de que el verdadero constructor de la realidad es la conciencia, y han hecho falta varios siglos de desarrollo del conocimiento científico para tomar en cuenta que la realidad tal como la entendía la física tradicional, directa y observable, no existe; que lo que existen son estados de conciencia que la crean y, incluso por la mera observación, la modifican.

No hay lugar, ni siquiera desde los planteamientos más avanzados y atrevidos de la madre ciencia, para descartar un hombre en el que la comunicación se base en principios cuánticos, y, por lo tanto, en una transmisión de conocimiento y pensamiento que superará los actuales (y en un futuro rudimentarios) sistemas de transmisión de información. En la actualidad ya se han construido los primeros ordenadores cuánticos, y el conocimiento de esta nueva forma de entender el mundo llegará también al hombre y a la forma que tiene de comunicarse.

Buscando un paralelismo evolucionista, es fácil pensar que los animales también deben de tener algún tipo de conciencia. Sin embargo, a la vista está que sus estados de conciencia no les permiten relacionarse y comunicarse de la misma manera que lo hacemos los hombres. En este sentido, el nuevo hombre será capaz de establecer estados de conciencia más elaborados y armónicos con las frecuencias naturales de la galaxia, haciendo que los actuales queden relegados por rudimentarios y obsoletos. Las nuevas estructuras del conocimiento estarán abiertas para pensar en un hombre que sufrirá una transformación interna e individual en todos los sentidos, que no dejará opción al anquilosamiento, que se verá abocado, lo quiera o no, a un nuevo despertar de la especie humana.

Cuando los hombres de la nueva era hayan alcanzado estados de conciencia individual evolucionados, más elaborados y eficientes, se logrará crear la conciencia global, aquella que permitirá establecer las bases para un conocimiento superior, compartido y fácilmente accesible, porque nacerá del conjunto y estará disponible para la humanidad.

Hoy en día nos parece tan probable que la gente sea honesta como que no lo sea, y habrá siempre quien se guarde para sí malas intenciones u ocultas verdades por el hecho de que no va a ser descubierto si nada cuenta. Pero esto dejará de ser así con la llegada del nuevo hombre, con la construcción de un estado de conciencia global, pues el pensamiento estará accesible de manera inmediata y no será necesario ni tendrá sentido mentir. La mentira nace del miedo al otro, del temor, de la inseguridad y de la ansiedad interna; todas ellas emociones propias de estados de conciencia sintonizados con frecuencias bajas e improductivas. El nuevo hombre pensará desde estados de conciencia sintonizados y en armonía con las verdaderas frecuencias de la galaxia, y una nueva forma de pensamiento y comunicación harán de la mentira un absurdo. Vivir sin la mentira será posible, aunque resulte impensable hoy, de la misma manera que al hombre de Neandertal le resultaría impensable que el hombre hablara en un futuro. Todo es una cuestión de perspectiva, y los límites a lo que podamos llegar a ser dependerán de lo que creamos que podemos llegar a ser.

Sin lugar para la mentira, no habrá tampoco lugar para la violencia, ni tendrá sentido la necesidad de controlar el comportamiento por medios violentos, represivos, policiales ni serán ya necesarios los ejércitos, pues la convivencia estará basada en la comunicación compartida, en la cooperación y el respeto, no en la competitividad ni la preservación de los intereses propios. El hombre vivirá y convivirá en libertad, pues no habrá opción para el ocultamiento ni el secretismo. La transparencia del conocimiento auspiciado desde un estado de conciencia global, suprema y armónica, como un todo capaz de unir a los hombres en una comunidad jamás antes pensada será la tónica presente en la faz de la tierra, desechando de la misma todo signo de mal. Desaparecerán por lo tanto las fronteras, los países, las restricciones, y la unión estará representada por un único gobierno mundial que tendrá la competencia de guiar a la humanidad hacia cuotas de bienestar insospechadas, haciendo desaparecer el hambre y la penuria de los pueblos que hoy en día se arrastran aún por tener condiciones dignas de vida. La Tierra es un lugar repleto de recursos capaces de abastecer a sus pobladores, pero en un sistema capitalista basado en el consumismo y la productividad agresiva con el medioambiente, donde generar riqueza no es el objetivo, sino generar dinero, el sistema se pervierte dando lugar a luchas sin sentido que acaban con los verdaderos recursos del planeta: las personas que lo habitan y el hábitat en el que se desarrollan. Una nueva regulación de la propiedad privada permitirá compartir lo que en realidad es de todos, pues no habrá opción a la disputa cuando la convivencia armónica de todos los seres se establezca sobre la base del crecimiento, el desarrollo y el cultivo de la excelencia personal.

Desde nuestra perspectiva histórica, en la que la memoria reciente nos lleva a pensar en una construcción social basada en el conflicto, las guerras, la destrucción, la codicia y el materialismo, es difícil encajar una realidad posible radicalmente distinta donde se erradique por completo el insano deseo de acaparar para uno y no inmutarse porque el otro no tenga. El respeto emergerá como la piedra angular de todas las culturas que serán capaces de admirarse y estimularse mutuamente.

No será, por lo tanto, necesario alimentar las necesidades espirituales del hombre desde el sometimiento a doctrinas religiosas que basan sus principios en el acatamiento de principios morales y una fe basada en paraísos venideros, el hombre desarrollará un estado de conciencia tan elevado que las necesidades espirituales y de autorrealización personal estarán basadas en la propia experiencia vital y compartida.

Con un hombre que alcance estos niveles de excelencia en el desarrollo de su conciencia y que sepa traducirlos a estructuras sociales de intercambio de bienes y servicios basados en la cooperación y el cultivo de la riqueza personal, social y ecológica, no habrá límites para pensar en un hombre capaz de expandirse por la galaxia. El conocimiento desarrollado por la ciencia será de tal nivel de magnitud, que no habrá posibilidad para enfermedad alguna que no pueda ser tratada y abordada eficazmente. La evolución del hombre no ha finalizado, pues está en constante progreso vinculado sus logros a las disposiciones propiciadoras del alineamiento nuevo galáctico. El hombre entrará en un nuevo ciclo de 5.125 años en los que el desarrollo alcanzado será de una dimensión de tal envergadura, que habrá logros que ni siquiera pueden pensarse en estos momentos. No habrá limitaciones para un hombre armónico, en el que su conciencia vibre en altas frecuencias, y que trabaje para superar sus limitaciones hasta metas inimaginables. El hombre de Neandertal apenas emitía unos pequeños sonidos guturales y gestos que le permitían una comunicación muy rudimentaria; mucho después el hombre desarrollaría la capacidad del lenguaje, una herramienta maravillosa que sólo los humanos poseen como tal, capaz de producir sonidos absolutamente precisos de una manera velocísima sin el más mínimo error. Hablamos y decodificamos el mensaje sonoro como ningún otro sistema computacional, pues no hay nada más eficiente a la hora de transmitir pensamiento. Para el hombre de Neandertal un sistema de comunicación basado en el habla, no digamos ya en la escritura, era algo que no hubiera cabido en sus planteamientos, ni lo habría dado como posible aunque hubiera tenido la oportunidad de pensarlo. El hombre de hoy día no deja de ser el Neandertal del futuro, pues las cuotas de desarrollo y transformación interna serán de tal magnitud, que su cerebro alcanzará niveles de pensamiento y conciencia impensables para el hombre de la actualidad.

Todos estos cambios ocurrirán de manera simultánea en todos los individuos, pero no a la vez ni acompasadamente, sino que cada individuo irá teniendo su propio proceso de transformación interna. De forma paulatina, aprovechando la energía que hemos recibido en estos últimos 13 años antes de la entrada en la era galáctica, el hombre se irá transformando en todos los niveles. Sufrirá una tremenda transformación física, igual que se transformaron los neandertales hasta el hombre de nuestros días, el hombre del futuro, conseguirá mejores niveles de tonicidad muscular, y aumentará por mayor tiempo los años de vigor y salubridad. Todas las etapas de la vida se irán alargando, pudiendo llegar a encontrar hombres y mujeres de ochenta años con el vigor y la actividad propia de los hombres y mujeres de hoy a los cuarenta. La esperanza de vida se elevará por encima de los 150 años, de manera que el hombre tendrá mucho más tiempo para ir creciendo espiritualmente, cultivando su saber y su conocimiento y facilitando estados de conciencia cada vez más perfectos. Ampliará su memoria y todas sus facultades mentales, siendo capaz de procesar diferente información al mismo tiempo, y codificarla correctamente. El aprendizaje será intuitivo, pues las estructuras mentales serán capaces de crear circuitos neuronales de manera más rápida y con menor esfuerzo. Las familias convivirán de manera armónica, estableciendo verdaderos lazos de amor que facilitarán el crecimiento personal y el desarrollo espiritual de sus miembros, convirtiendo a la familia en la verdadera referencia para la seguridad y el bienestar de sus componentes. La familia como una institución en crisis, llena de conflictos generacionales y con falta de comprensión de unos miembros hacia otros desparecerá para dar lugar a la familia auténtica, aquella que no cercena los deseos ni las posibilidades de desarrollo de los miembros que la componen. Las familias armonizadas serán capaces de establecerse en comunidades vecinales en las que el intercambio social favorezca la creación de espacios armónicos de convivencia. Un mundo así es y será posible porque la transformación interna de los individuos permitirá relaciones basadas en la seguridad, el amor, la amistad, la confianza. El hombre de las cavernas vivía en tribus gobernadas por un miembro dominante, que competía fuertemente con tribus vecinales por el territorio y los alimentos. Veía al otro como una amenaza para su supervivencia. El hombre, con el tiempo, ha ido evolucionando hacia estructuras familiares, sociales y de convivencia basadas en un estado de derecho. Con la entrada en la nueva era, en el florecimiento de la mañana de la primavera galáctica, el hombre podrá pasar de considerar el estado del bienestar como un estado de derecho a un estado del bienestar como un estado de la satisfacción, pues no habrá derechos (que podrán ser reconocidos o no, y por los que habrá que luchar), sino realidades en las que lo verdaderamente humano será un valor por encima de cualquier convención monetaria.

Los cambios que se producirán, obviamente de manera asimétrica en el conjunto del planeta, siendo algunas sociedades las pioneras en ir transformándose a partir de las transformaciones individuales de cada uno de sus miembros. De una forma paulatina, cada hombre irá contagiando a su congénere en el desarrollo de la nueva conciencia global, provocando por contagio la transformación en el otro. El hombre aprende de manera mimética absorbiendo con gran facilidad las transformaciones y la forma de los otros. «Tú eres otro yo», decían los mayas, tú eres y podrás ser lo que yo sea y te invito a que te adentres en el cambio para que seas lo que yo soy, y mi bienestar te pertenezca.

Las sociedades evolucionadas han conseguido la supremacía siempre sobre las menos evolucionadas, y las transformaciones que se generen en las sociedades que alcancen antes la transformación servirán como modelos que rápidamente irán implantándose en el resto del mundo.

Los mayas supieron adelantarse a su momento, predijeron cambios que ya se han producido y nos dejaron su mensaje para que la oportunidad que nos brinda la galaxia se aproveche, pues se tardarán más de 25.000 años para que una puerta de tales dimensiones vuelva a aparecer.

# 7 | Conclusiones

No cabe duda de que el mundo está cambiando, que lo lleva haciendo de una manera rápida en los últimos veinte años y que va a seguir evolucionando en los años venideros de una manera sustancial. Los cambios, tal como se han ido exponiendo, tienen que ver con un modelo de vida que está llegando a su fin. La fuente de energía del planeta para poder producir y transformar los recursos que el hombre necesita para su supervivencia está basada en el petróleo, principalmente; y éste se está acabando, pues ya no quedan reservas para muchos años. La búsqueda de energías alternativas, que además no sean nocivas para el medio ambiente, está siendo el campo de batalla de los científicos, que saben que deben desarrollar a toda costa maneras de conseguir energía limpia y eficiente. El sistema económico mundial ha dado ya señales inequívocas de que no es sostenible de la manera que está concebido y de que serán necesarias reestructuraciones importantes de los conceptos en los que se sustenta para seguir permitiendo el intercambio de bienes y servicios y el crecimiento económico sobre realidades menos especulativas y más sólidas. El planeta está enfermo. Constantemente está reaccionando con fenómenos naturales cada vez más frecuentes y extremos y de una intensidad tremendamente destructiva que azota con ahínco las condiciones de vida de los más desamparados, obligando a la población a desplazarse a tierras menos convulsas y más estables para vivir. Nadie es indiferente a estos fenómenos y las preguntas ante la era que se está viviendo son inevitables. ¿Es esto el final del mundo, tal como han apuntado muchos? Atendiendo al mensaje que dejaron los mayas, no parece que vaya a ser así. Pero lo que está claro es que sí se está produciendo el final de una era que está operando cambios importantes en la conciencia del hombre. Cierto es que nadie puede llegar a afirmar que la vida en el planeta Tierra vaya a ser eterna, imperecedera. Las amenazas que pueden acabar con la vida en el planeta son reales y no hay que menospreciarlas, pero a la vez el hombre tiene en sus manos la llave que abrirá la puerta de un mundo mejor, más equilibrado y en consonancia con las leyes del universo.

Durante todas estas páginas, se han mostrado los logros de una civilización lejana en el tiempo pero cercana en sus preocupaciones respecto del futuro del hombre y del planeta. Los mayas vivieron en una época sin tecnología, pero fueron capaces de elevar edificios majestuosos que han perdurado hasta nuestros días y que dan testimonio de la grandeza de una civilización que dejó tras de sí un conocimiento fascinante que aún no ha sido descifrado del todo. Muchos de los documentos y códices de los mayas se perdieron como consecuencia de la destrucción de los colonizadores españoles al pensar que su religión y su cultura suponían un impedimento para hacer llegar el mensaje evangelizador del viejo mundo. Acabaron con cualquier manifestación de su manera de concebir el mundo, y si hoy podemos visitar y contemplar las maravillas que se conservan en los restos arqueológicos de las que en su día fueron ciudades de fervorosa actividad es porque en algún momento los mayas las abandonaron y quedaron sepultadas bajo la voracidad de la selva. Los últimos cuarenta años han sido reveladores respecto del conocimiento de la cultura de los antiguos mayas, y como consecuencia del desciframiento de sus códices y de textos como el Popoh Vul y los libros del Chilam Balán se han podido conocer el conjunto de predicciones que asombran tanto por lo precisas en el contenido como por exactas en sus fechas. Como si hubieran tenido una bola mágica de cristal en la que visualizar el futuro, supieron que el hombre evolucionaría hasta cotas insospechadas para la época en desarrollo tecnológico e industrial, que su forma de vida le llevaría a ser poco armónico con las leyes de la naturaleza y del universo y que el planeta se resentiría considerablemente por ello. Anunciaron que la Tierra sufriría un cambio climático importante, que habría un calentamiento generalizado que cursaría con ciclones, huracanes, inundaciones, terremotos, erupciones volcánicas, sequías, etc. Todos ellos desastres naturales que menoscabarían la conciencia de los hombres haciéndolos vivir en la inseguridad y el miedo, el temor y la desesperanza de no habitar en un entorno seguro y plácido del que poder extraer lo necesario para la vida y ser felices en armonía con el entorno. Supieron que el hombre sufriría por ello, y que llegaría un día en que todo eso sería posible cambiarlo si operaban aperturas en la conciencia de los hombres. Dejaron escrito que el hombre llegaría a abandonar la época del miedo y elevaría su conciencia a un grado de frecuencia mayor en la que poder sustituir los comportamientos basados en el miedo por otros más enriquecedores basados en la confianza y en la seguridad. Con su palabra quisieron advertirnos de que caminar en la dirección de la felicidad y la armonía es posible si el hombre es capaz de mirar a su entorno más cercano, y también al más lejano, como el universo, y conducirse por la senda que marcan las leyes de la naturaleza.

Nos hablaron de que el comportamiento de los hombres se orientaría hacia conductas menos agresivas con lo que le envuelve, especialmente con los otros hombres; y de que una nueva manera de comunicarnos estaría al alcance de cualquier persona consiguiendo estados más elevados de conciencia, una conciencia global y colectiva, transparente y accesible, donde el flujo de información será constante y fidedigno, sin trampas, llegando así a un estado mucho más armónico y sincronizado con las altas frecuencias en las que vibra el corazón del firmamento.

El hombre tiene la gran oportunidad de cambiar y el desafío de comprometerse con esa oportunidad para conseguir un mundo mejor para mucho tiempo. Tiene las claves que le van a permitir trabajar en la dirección correcta para que las relaciones entre los que habitamos el planeta sean relaciones productivas, eficientes, satisfactorias, placenteras, llenas de vida y armonía, deseables y apetecibles. El hombre tiene la obligación de vivir cuidando lo que le rodea, y debe asumir el compromiso de hacerlo para dejar un legado de prosperidad a todos los que llegarán detrás. Los mayas supieron que llegaría un día en que todo eso sería posible, y con sus mensajes dejaron por escrito las claves que habrán de conducirnos a un mundo mejor. Está en nuestras manos. Está en la tuyas.

# Relación de las ilustraciones

# Índice

Como parte de un magnífico plan cósmico llamado el Proyecto Gaia, la Tierra ya está experimentando un proceso de purificación –marcado por los desastres naturales, las enfermedades, la guerra y el caos social– que acabará finalmente con la ascensión de nuestro planeta a una nueva dimensión. La proclamación profética de Jang, que le fue transmitida a través de la canalización, los sueños y las lecturas de energía, da razón de innumerables misterios sobre el mundo, entre los cuales:

- Los orígenes del mundo y de la humanidad
- El hundimiento de las civilizaciones de Lemuria y la Atlántida
- La reencarnación y los recuerdos de vidas anteriores
- El propósito de la vida y el significado de la existencia
- La naturaleza de la consciencia
- Nuevas revelaciones sobre la vida extraterrestre

Este texto visionario revela cómo podemos prepararnos para el «Gran Cambio» que se avecina y participar en la expansión universal de la consciencia. Además de una descripción detallada de la finalidad del Proyecto Gaia, esta guía práctica para el futuro incluye una sección de preguntas y respuestas, una lista de lecturas recomendadas y un glosario que proporciona información adicional sobre los desafíos y las oportunidades sin precedentes que nos esperan.

Visite este link: www.gaiaproject.kr.